UWE JAKUBIK

Grundkurs Obstbaumschnitt

80 Farbfotos
21 Zeichnungen

Verlag Eugen Ulmer
Österreichischer Agrarverlag

Vorwort

Dieses Buch entstand auf Grund der Anregungen vieler Obstliebhaber – aber auch von Frauen, die die Pflegearbeiten in den Hausgärten verrichten – ein Buch herauszubringen, das alles vom Pflanzen bis zum Gesunderhalt der Obstbäume abdeckt. Dabei nehmen die Schnittmaßnahmen den größten Teil ein. Der Text sollte leicht verständlich sein, aber umfassend, es sollten Schwerpunkte herausgestellt werden, die aber nicht zu fachmännisch beschrieben werden, und es sollten diejenigen angesprochen werden, die schon viel wissen, aber ihr Wissen um die eine oder andere Information erweitern möchten. All das zusammen, ohne schulmeisterisch zu wirken. Diesen Spagat zu meistern war nicht einfach, und ob er mir gelungen ist, müssen die Leser entscheiden. Die Schwerpunkte liegen auf den Themen Schnitt-Technik, Pflanzenschutz und Sicherheit, aber auch die anderen Kapitel wurden so ausführlich behandelt, wie es der Rahmen dieses Buches zugelassen hat. Ich hoffe dieses Buch gibt Ihnen viele Tipps und Anregungen, die Sie in Ihrem eigenen Hausgarten, Ihrem Gütle oder auf der Baumwiese anwenden und umsetzen können.

Ganz herzlich möchte ich mich bei den Mitarbeitern des Landratsamtes in Freiburg bedanken, die den ersten Funken in Richtung Obstanbau bei mir entfacht haben. Meine Erfahrungen gewann ich im Laufe der Zeit durch viele Hinweise von der Grünlandberatung Reutlingen, aber auch durch den intensiven Austausch von Informationen mit zahlreichen Fachleuten, Obsterzeugern und Kollegen aus den verschiedenen Obst- und Gartenbauvereinen. Dafür möchte ich mich auf diesem Weg bedanken.

Uwe Jakubik
Reutlingen-Sickenhausen, Herbst 2000

Inhaltsverzeichnis

Eigenes Obst aus dem Garten

Obst spielt seit Menschengedenken eine bedeutende Rolle in der Ernährung. Ausgrabungen belegen, dass unsere Vorfahren bereits tausend Jahre vor unserer Zeitrechnung die Mostbirne als Nahrungsmittel schätzten. Trockenbirnen, getrocknete Äpfel und Beeren waren in früheren Zeiten wichtige Vitamin- und Mineralienlieferanten während der Wintermonate.

Heute können wir das ganze Jahr über frisches Obst kaufen, aber leider verliert der Verbraucher zunehmend die Vorstellung von den eigentlichen Reifezeiten der Obstarten. So können wir hierzulande mit den ersten Frühäpfeln erst ab Ende Juli rechnen, während die Apfelernte Mitte Oktober abgeschlossen ist. Lagerfähige Sorten halten sich im kühlen Keller höchstens bis Januar oder Februar. Europäische Äpfel, meist in Südtirol oder in Frankreich geerntet, aber ebenso Bodensee-Obst, werden über Monate hinweg in Kühllagern unter streng kontrollierten Umluftbedingungen gelagert. Auf Grund der hohen Energiekosten lohnt sich das Betreiben dieser Lager höchstens bis Ende April. Das heißt für den Verbraucher, dass in der so entstandenen Angebotslücke der Frühstücksapfel, der zwischen Frühjahr und Hochsommer verzehrt wird, aller Wahrscheinlichkeit nach aus Übersee kommt, aus Chile, Argentinien, Südafrika oder Neuseeland. Zunehmend werden sich Verbraucher dieser Paradoxie bewusst, dass verderbliche und relativ schwere Ware buchstäblich um den halben Globus transportiert wird, um bestimmte Ansprüche zu erfüllen.

Hier zeichnet sich eine Trendwende ab: Heimisches Obst wie auch natürliche Säfte – allen voran der Apfelsaft – steigen wieder in der Verbrauchergunst. Die Sensibilität für den Gesundheitswert von Obst wächst. Zudem ist eine Rückbesinnung des Verbrauchers zu naturbelassenem Obst spürbar. Und auch die landschaftsprägenden Obstkulturen, etwa in Baden-Württemberg, werden wieder durch neue Bäume verjüngt.

Im Zuge dieser Rückbesinnung hegen viele Garten- und Grundstücksbesitzer den Wunsch, eigenes Obst zu ernten. Die wesentlichen Voraussetzungen dafür stellen jedoch geeignete Umgebungsbedingungen, die Wahl der richtigen Sorten und ein Grundwissen über die erforderlichen Pflege- und Pflanzenschutzmaßnahmen dar. In dieser Hinsicht hat sich im Vergleich zu unseren Vorfahren nicht viel geändert. Im Grunde sind die Techniken der Baumerziehung, also das Pflanzen, Schneiden, Veredeln („Pfropfen"), dieselben geblieben. Nur liefert uns heute die gartenbauwissenschaftliche Forschung, welche die Wuchsstoffhaushalte im Obstgehölz bis ins Detail analysiert hat, die genaue Begründung für das richtige Handeln.

Viele alte Sorten, die nicht nur süß, sondern vor allem aromatisch schmecken, und robuste Neuzüchtungen wurden in den vergangenen zehn bis fünfzehn Jahren wieder vermehrt. Für den Garten bedeuten Obstgehölze und Beerensträucher preisgünstige und nutzbringende Gestaltungselemente, die ein Anwesen in seiner Lebensqualität entscheidend prägen können. Das Gestalten eines Gartens allein bringt Befriedigung und die Früchte sind im wahrsten Sinne der Lohn für den Einsatz.

Sortenkunde

Ausgewählte Apfel-, Birnen- und Walnuss-Sorten

Heute gibt es eine Vielzahl von Apfelsorten: Mir sind etwa 74 Haupt- und Nebensorten von Äpfeln bekannt. Der Schwerpunkt dieses Buches wurde von mir nicht etwa auf die exotischen und auch nicht allein auf die sonst üblichen Standard-Apfelsorten gelegt, sondern auf die Sorten, welche mit wenig chemischem Pflanzenschutz auskommen. Es handelt sich dabei meistens um Neuentwicklungen, aber auch alte Sorten können mitunter sehr gut mithalten. Allerdings muss man erwähnen, dass es nur vereinzelte Sorten gibt, die den Spagat zwischen Naturbelassenheit und Tafelobstqualität einigermaßen schaffen.

In der folgenden kleinen Sortenkunde habe ich einige Apfelsorten und Eigenschaften zusammengestellt. Es handelt sich hierbei nicht nur um alte Sorten, auch neuere Entwicklungen mit sehr guten Eigenschaften sind aufgeführt. Bei der Auswahl wurde bewusst der Schwerpunkt auf Tafelobst gelegt. Die für den Hobbygärtner wichtigen Eigenschaften wie:

- Frucht
- Pflückreife
- Wuchseigenschaften
- Standortansprüche
- Lagerfähigkeit
- Einschränkungen

werden in kurzen prägnaten Stichworten aufgeführt. Mit diesen Informationen können Sie als Hobbygärtner schnell eine Grobauswahl für Ihre zukünftige Obstsorte treffen.

Wenn Sie die genannten Auswahlkriterien beachten und biologische Schutzmaßnahmen zur Gesunderhaltung der Pflanzen (Nistkästen usw.) betreiben, sich außerdem einen geringstmöglichen Einsatz von Pflanzenschutzmitteln als Ziel setzen, dann haben Sie die Chance, dass sich der Zeitaufwand in Grenzen hält und der Geldbeutel nicht zu sehr strapaziert wird. Und Freude an Ihrem gesunden Baum haben Sie auch noch.

Auswahlkriterien für Obstsorten

Für die Sortenentscheidung ist es wichtig, Lage, Höhe, Klima, Bodenbeschaffenheit und Grundwasserstand zu berücksichtigen.

Apfelsorten

Alkmene

Frucht: Kurzachsig, rundlich und schwer: etwa 120 g. Grundfarbe Gelb, mit roter Sprenkelung verwaschend überdeckend, ins rötlich Orangefarbene übergehend.
Pflückreife: Ab Anfang September.
Lagereigenschaften: Im kühlen Keller bis Ende Oktober. Dieser Apfel ist zum Frischverzehr gedacht.
Wuchs und Unterlagen: Am Anfang starke Wuchsbildung sowie kräftiger Austrieb. Dieser sollte im Zaum gehalten werden. Der Baum baut sich relativ schmal auf und bildet viele Kurztriebe. Im Verlauf der Jahre lässt die Triebbildung nach und der Baum beruhigt sich. Meine Erfahrungen zeigen, dass sich das bei schwach wachsenden Bäumen so nach etwa drei bis vier Jahren einstellt. Angeboten werden schwach wachsende Bäume bis zum Halbstamm (evtl. auch Sämling).
Blüte: Die Blütezeit beginnt ab etwa Ende April und endet Mitte Mai. Die Sorte blüht sehr reich. Die 'Alkmene' ist ein guter Pollenspender, was bei der Kaufentscheidung mit berücksichtigt werden sollte.
Standortansprüche: Die 'Alkmene' ist relativ anspruchslos, sie akzeptiert leicht schattige Standorte. Lagen mit ausgiebiger Sonneneinstahlung sind nicht zu empfehlen. Bei nicht zu rauen Umgebungsbedingungen sind

ausreichende Erträge auch in Höhenlagen bis 500 m möglich.
Bemerkung: Der Baum kann viele Blüten haben, aber es stellt sich nur ein mäßiger Fruchtertrag ein. Der Befall durch Schorf und Mehltau hält sich in Grenzen. Obstbaumkrebs konnte nicht beobachtet werden.

Berlepsch
Frucht: Kurzachsig und und relativ flach, Fruchtgröße eher klein. Grundfarbe Grünlichgelb bis Rötlichgelb, die Deckfarbe geht bis ins Dunkelrote. Auffällig sind die „Punkte" auf der Schale, auch Lentizellen genannt.
Pflückreife: Anfang bis Mitte Oktober.
Lagereigenschaften: Im kühlen Keller bis Ende Dezember. Vorwiegend aber zum Frischverzehr geeignet.
Wuchs und Unterlagen: Starke Baumentwicklung in der Anfangszeit. Kugelige Kronenform. Jährlicher Schnitt ist notwendig. Unterlagen werden vom Halbstamm bis schwach wachsend angeboten.
Blüte: Ab Ende April beginnend, Mitte Mai abschließend. Auch der 'Berlepsch' ist ein guter Pollenspender.
Standortansprüche: Nicht in rauen Lagen ansiedeln. Leicht milde Lagen bevorzugen, z. B. sonnige Albrandlagen bis 500 m Höhe.
Bemerkung: Keine besondere Anfälligkeit für Schorf oder Mehltau feststellbar.

Fiesta
Frucht: Kleine bis mittelgroße Frucht. Die Grundfarbe ist Gelbgrün, mit zunehmendem Reifestand stellt sich eine rote Deckfarbe ein.
Pflückreife: Ab Mitte September.
Lagereigenschaften: Bei dieser Sorte sollten die Äpfel, bei Lagerung im Keller, bis Anfang November aufgebraucht sein.
Wuchs und Unterlagen: Der Baum baut sich breit auf und bildet viele Verzweigungen und

Berlepsch

Fruchttriebe. Er sollte unbedingt regelmäßig geschnitten werden. An Unterlagen sind mir nur die schwach wachsenden Formen bekannt, Baumgrößen, die in Richtung Halbstamm gehen, müssen in den Baumschulen nachgefragt werden.
Blüte: Ab Mitte April bis Mitte Mai.
Standortansprüche: Toleriert auch etwas ungünstige Standorte (leicht schattig und feuchte Umgebung).
Bemerkung: Kaum schorfempfindlich, aber etwas mehltauanfällig. Die Früchte sind sehr süß und saftig. Ein guter Apfel für den Frischverzehr mit begrenzten Lagereigenschaften.

Florina
Frucht: Mittelgroß bis groß. Die Grundfarbe ist anfänglich Gelblichgrün, im späteren Verlauf geht die Deckfarbe ins Violette (Rot mit bläulichem Einschlag) über. Der Stiel ist kurz bis mittellang. Auffällig sind die kleinen weißen Punkte (Lentizellen) auf der Schale.

Fiesta

Pflückreife: Ende Oktober bis Anfang November.
Lagereigenschaften: Gut bis sehr gut. Der Apfel kann im normalen Keller (kühl und ausreichend feucht) bis Februar gelagert werden.
Wuchs und Unterlagen: Am Anfang starker Wuchs, der aber im Laufe der Zeit nachlässt. Der Baum entwickelt eine geräumige Krone, die es gilt mit geeigneten Schnittmaßnahmen im Griff zu halten. 'Florina' bildet willig Fruchtholz. An Unterlagen wird das ganze Spektrum von schwach wachsend bis Halbstamm angeboten.
Blüte: Lang ausdauernd von Mitte April bis fast Mitte Mai.
Standortansprüche: Relativ anspruchslos. Vom warmen, sonnigen bis zum leicht schattigen, frischen Standort gute Wuchs- und Fruchtleistung.
Bemerkung: Diese Sorte zeichnet sich durch eine gute Robustheit gegenüber Schorf und Mehltau aus. Sie bedarf nur geringer Pflegemaßnahmen, belohnt aber mit gut aussehenden und geschmacklich attraktiven Früchten.

Fuji

Frucht: Mittelgroß, selten groß. Als Grundfarbe stellt sich eine nicht klare gelblichgrüne Farbe ein, die spätere Deckfarbe geht in Richtung Rot mit leicht bläulichbraunem Akzent, aber auch diese Farbe ist nicht klar abgegrenzt. Die Frucht ist rund, der Kelchgrund ist flach. Die Schale fühlt sich rau an.
Pflückreife: Spät, ab Mitte Oktober bis in den November hinein.
Lagereigenschaften: Auf Grund der späten Pflückreife ergeben sich gute Lagereigenschaften. Diese Sorte hält sich im kühlen Keller problemlos bis Februar oder bei besseren Lagerbedingungen auch länger.
Wuchs und Unterlagen: Der Wuchs ist mittelmäßig, selten kräftig. Es bilden sich ausreichend Verzweigungen und Fruchtholz. Der Baum baut sich in einer Rundkrone mit guter Leitastbildung auf. An Unterlagen sind mir nur schwach wachsende Baumformen bekannt.
Blüte: Setzt spät in der letzten Aprilhälfte ein und dauert bis Mitte Mai an.
Standortansprüche: Diese Sorte liebt Wärme. Flussläufe, Bäche und Talsenken zählen nicht gerade zu den bevorzugten Standorten. Hanglagen oder Lagen mit langer Sonneneinstahlung sind vorzuziehen.
Bemerkung: Die Sorte ist mäßig schorfempfindlich. Der Apfel ist sehr knackig und saftig. Der Pflegeaufwand ist gering.

Gelber Bellefleur

Frucht: Eine mittelgroße bis große ballige Fruchtform, teilweise auch unregelmäßig. Kurzer Stiel. Die Grundfarbe ist Gelbgrün, die Deckfarbe geht mit zunehmender Reife in Rot über. Kennzeichnend für diesen Apfel sind die orangefarbenen Sonnenbäckchen. Zur

Erntezeit bekommen die Früchte eine Wachsschicht.
Pflückreife: Ab Mitte Oktober.
Lagereigenschaften: Ohne allzu große Qualitätsverluste lagerfähig bis Ende Dezember, auch noch Januar möglich.
Wuchs und Unterlagen: Dieser Baum wächst schwach bis mittelstark. Die Äste werden lang und dünn. Für diese Sorte ist eine andere Schnitt-Technik notwendig. Er neigt sehr schnell zum Verkahlen im Innenbereich. Der Aufbau einer kräftigen Krone dauert mehrere Jahre. An Unterlagen werden von schwach wachsend bis Halbstamm alle Formen angeboten. Da es sich um eine alte Sorte handelt, sind Hochstämme auch verfügbar.
Blüte: Gute Blütenbildung ab Ende April bis Mitte Mai.
Standortansprüche: Die Sorte toleriert auch relativ feuchte Umgebungsbedingungen (Fluss- oder Bachnähe). Der Boden sollte nicht allzu schwer sein. Höhere Lagen (auch über 550 m ü. d. M.) werden von dieser Sorte akzeptiert.
Bemerkung: Dieser Apfel zeigt kaum Schorfstellen, ist sehr gut im Geschmack und hat eine schöne Ausfärbung. Die Äste müssen durch Schnittmaßnahmen kurz gehalten werden, sonst ziehen die schweren Früchte den Ast nach unten.

Gloster

Frucht: Mittelgroß, am Stiel breiter als am Kelch. Es stellen sich Höckerbildungen am Kelch ein. Ähnelt ein wenig dem Glockenapfel. Die Grundfarbe ist Grüngelb, die Deckfarbe geht in Purpurrot über. Auch bei diesem Apfel sind Punkte (Lentizellen) auf der Schale ein Erkennungszeichen.
Pflückreife: Ab Ende September bis Mitte Oktober.
Lagereigenschaften: Im kühlen Keller kann der 'Gloster' bis Ende Januar gelagert werden.
Wuchs und Unterlagen: Am Anfang sehr starker Wuchs mit steil triebigen Ästen. Der Baum baut dadurch schmal auf. Er neigt zur Verkahlung im Innenbereich. Um dem vorzubeugen, sind jährliche Schnittmaßnahmen notwendig. Der Baum ist nicht sehr verzweigungswillig. Die Bildung von Jungholz hält sich sehr in Grenzen. Beim 'Gloster' sind die Aststellungen immer zu überprüfen und durch geeignete Maßnahmen (Binden, Gewicht) in eine flachere Lage zu bringen. Unterlagen von schwach wachsend bis Halbstamm sind ohne Probleme erhältlich.
Blüte: Ab Anfang Mai. Im Vergleich zu anderen Apfelsorten etwas bessere Frostunempfindlichkeit.
Standortansprüche: Diese Sorte ist relativ anspruchslos und neigt kaum zu Frostschäden. Eine ausreichende Wasserversorgung sollte gegeben sein.
Bemerkung: Neigt zur Kernhausverpilzung bei zu langer Lagerung. Schorfempfindlich. Ausdünnen ist unbedingt erforderlich.

Goldparmäne

Frucht: Mittelgroß bis klein. Die Form ist flach kugelig mit einer breiten oder fast ebenen Kelchfläche. Die Grundfarbe ist Grüngelb oder Gelb. Die Deckfarbe Orange geht ins Rötliche über. Es sind leichte Streifen erkennbar.
Pflückreife: Ab Mitte September.
Lagereigenschaften: Von Oktober bis Februar. Wenn die Lagerzeit allerdings sehr weit fortgeschritten ist, fällt die Schale ein, das ist aber nur ein Schönheitsfehler.
Wuchs und Unterlagen: In der Anfangszeit ziehen die Leitäste steil nach oben, diese gilt es im Zaum zu halten. Ansonsten entwickelt der Baum eine kugelige Form. Von schwach

Goldparmäne

wachsend bis Hochstamm sind alle Unterlagen verfügbar.
Blüte: Zweite Aprilhälfte bis Anfang Mai.
Standortansprüche: Nährstoffreiche Böden, nicht zu raues Klima, bis in mittlere Höhenlagen, etwa 500 m ü. d. M. geeignet.
Bemerkung: Etwas anfällig für Mehltau und Schorf. Ab und zu kommt auch Stippe vor (Stippe sind kleine braune Flecken auf der Schalenoberfläche, die in das Fruchtfleisch übergehen).

Idared (Foto Seite 5)
Frucht: Eher groß, damit verbunden ist ein relativ schweres Fruchtgewicht von 150 g und mehr. Die Grundfarbe ist Gelbgrün, die Deckfarbe geht in Dunkel- bis Purpurrot über. Auch bei dieser Apfelsorte ist die Schale gepunktet.
Pflückreife: Spät, ab Mitte Oktober bis Anfang November.
Lagereigenschaften: Hält sich relativ gut im kühlen Keller und behält bis März gute Essqualität.
Wuchs und Unterlagen: Ausgewogenes Wuchsverhalten, keine zu starken und zu steilen Asttriebe. Die Sorte bildet schöne Fruchtholztriebe und verzweigt willig. Bäume auf schwach wachsenden Unterlagen sind problemlos zu beziehen. Stärkere Baumformen müssen angefragt werden.
Blüte: Beginnend in der zweiten Aprilhälfte bis Anfang Mai dauernd. Auch diese Sorte ist ein guter Pollenspender.
Standortansprüche: Für wärmere Lagen, aber nicht unbedingt Weinbauklima, geeignet. In geschützten sonnigen Lagen kann er auch noch bis etwa 500 m ü. d. M. angebaut werden.
Bemerkung: Anfällig gegenüber Mehltau und in geringem Maß auch für Schorf, gutmütige Apfelsorte.

McIntosh
Frucht: Mittelgroß, ab und zu auch große Früchte. Die Form des Apfels ist flach, bauchig und leicht grobkantig. Die Grundfarbe ist grünlich. Als Deckfarbe stellt sich im Laufe der Zeit eine purpur- bis blaurote Farbe ein. Der Stiel ist kurz bis mittellang.
Pflückreife: Ab Mitte September.
Lagereigenschaften: Für den Frischverzehr gut geeignet, als Lagerapfel bis spätestens Anfang November zu verbrauchen.
Wuchs und Unterlagen: Der Wuchs des Baumes ist mittelstark. Die Verzweigungstendenz ist akzeptabel. Fruchtholz wird ausreichend gebildet. Der Baum entwickelt eine kugelige Form. An Unterlagen wird das Spektrum von schwach wachsend bis Halbstamm auf jeden Fall abgedeckt.
Blüte: Blüht ab der zweiten Aprilhälfte bis Anfang Mai in einem relativ kurzen Zeitraum.

Standortansprüche: Durchschnittliche Temperaturen und Umgebungsbedingungen werden toleriert (normale Wiese und z. B. Albvorland bis zu 500 m ü. d. M.).
Bemerkung: Dieser Apfel ist stark schorfanfällig und damit sehr pflegeaufwendig (Spritzungen müssen durchgeführt werden).

Jamba
Frucht: Runde Frucht, die Fruchtgröße reicht von mittelgroß bis fast groß. Die Form ist rund, selten mit Kanten. Die Grundfarbe ist Gelblichgrün und auf der Sonnenseite leuchtend Rot mit einem leichten Blaustich. Lentizellen sind vorhanden.
Pflückreife: In der zweiten Augusthälfte bis in die erste Septemberwoche.
Lagereigenschaften: Die Lagereigenschaften sind sehr eingeschränkt. Dieser Apfel eignet sich vorwiegend für den Frischverzehr. Im kühlen Keller hält der Apfel immerhin den ganzen September.
Wuchs und Unterlagen: Der Baum wächst in der Anfangszeit stark. In der Ertragszeit stellt sich dann ein mittelstarkter Wuchs ein. In der Anfangszeit sind unbedingt Schnittmaßnahmen notwendig, um ausreichende Verzweigungen zu bekommen. Schwach wachsende Unterlagen (z. B. M9 oder Busch) sind problemlos zu erhalten. Der Halbstamm muss nachgefragt werden.
Blüte: Ab Mitte April bis Mitte Mai.
Standortansprüche: Milde sonnige Lagen sollten bevorzugt werden.
Bemerkung: Der Apfel zeichnet sich durch ein gefälliges Aussehen, kräftigen Biss und guten Geschmack aus. Im Vergleich zu anderen Apfelsorten ist die Schorfanfälligkeit gering. Ich konnte bei dieser Sorte nur einen ganz geringen Befall von Mehltau und Fruchtmonilia feststellen.

Pinova

Pinova
Frucht: Mittelgroß, langstielig, gleichmäßige Fruchtgröße. Grundfarbe Gelb, Deckfarbe Rot, diese bildet sich erst im Verlauf des Reifeprozesses immer stärker heraus.
Pflückreife: Ab Anfang Oktober.
Lagereigenschaften: Bis Januar.
Wuchs und Unterlage: Kein zu starkes, aber regelmäßiges Wachstum. Der Baum baut sich schön auf, verzweigt gleichmäßig und bildet willig Fruchtholz. Als Unterlagen werden schwach wachsende Bäume bis maximal Halbstämme angeboten.
Blüte: Lang blühend ab Mitte April bis fast Mitte Mai.
Standortansprüche: Sonnige warme Temperaturen (aber nicht Weinbauklima) erforderlich.
Bemerkung: Pflegeleichte, gut schmeckende Apfelsorte mit wenig Schorfbefall, jedoch etwas mehltauempfindlich. Sehr süßer Apfel mit einer etwas harten Schale.

Piros

Piros

Frucht: Überwiegend mittlere Fruchtgröße, selten kleine Früchte. Langstielig und im Erscheinungsbild eher stumpfkegelig erscheinend. Grundfarbe Gelblichgrün, die Deckfarbe stellt sich erst mit zunehmendem Reifeprozess ein und färbt den Apfel rotflammig aus.
Pflückreife: Anfang Juli bis Mitte August.
Lagereigenschaften: Dieser Apfel ist nur für den Frischverzehr vorgesehen, die Lagereigenschaften sind sehr eingeschränkt. Meine Erfahrungen mit dieser Sorte zeigen, dass nach zwei bis drei Wochen der Apfel verzehrt sein sollte.
Wuchs und Unterlage: Lockerer Kronenaufbau und gering verzweigt. Der Schnittaufwand hält sich in Grenzen. Dieser Apfel wird auf schwach wachsenden Unterlagen angeboten. Unterlagen, die in Richtung Halbstamm gehen, sind mir im Augenblick nicht bekannt, aber es lohnt sich sicherlich nachzufragen.
Blüte: Ab der zweiten Aprilhälfte bis Mitte Mai andauernd.
Standortansprüche: Sonnige Standorte sind zu bevorzugen. Wenn die klimatischen Bedingungen nicht zu ungünstig sind, kann dieser Baum auch noch in 500 bis 550 m Höhe angepflanzt werden.
Bemerkung: Ein schön ausfärbender Frühapfel, der knackig abbeißt, aber bedingt lagerfähig ist. Im Jahr 1998 ist eine starke Fruchtfäule an diesem Baum aufgefallen. Es wurde Schorfanfälligkeit festgestellt.

Remo (Wirtschaftsapfel)
Frucht: Mittlere bis groß werdende Früchte. Als Farbe stellt sich ein Weinrot mit einer netzartigen Berostung ein. Die Form ist rund bis ballig.
Pflückreife: Erste bis zweite Septemberhälfte.
Lagereigenschaften: Da es sich hier um einen Wirtschaftsapfel handelt, ist die Lagerzeit nicht so bedeutungsvoll, aber auf Grund des hohen Säureanteils kann dieser Apfel bis Anfang – Mitte Oktober verarbeitet werden.
Wuchs und Unterlagen: Aufrechter, stark verzweigender und viele Fruchttriebe bzw. Früchte bildender Baum. Als Unterlagen sind M26 und stärker wachsende verfügbar.
Blüte: Sehr reich blühend. Setzt ab Mitte April ein und dauert bis Mitte Mai an.
Standortansprüche: Keine Einschränkungen bekannt.
Bemerkung: Die Sorte bildet extrem viel Fruchtansatz und muss unbedingt ausgedünnt werden, sonst „überträgt" sich der Baum. Ich habe auf meiner Obstanlage Resistenzen gegen Mehltau und Schorf festgestellt.

Es handelt sich bei dieser Sorte um einen sehr pflegeleichten und reichlich Früchte bildenden Wirtschaftsapfel. Er wird von mir nicht gespritzt.

Verwendet werden sollte diese Sorte als Saftapfel oder Kuchenapfel, als Tafelobst ist sie, wegen des hohen Säuregehaltes, nur bedingt geeignet.

Reglindis (Wirtschaftsapfel)
Außer in der Fruchtform und Farbe sind die Eigenschaften ähnlich wie bei der Sorte 'Remo'.

Rubinette
Frucht: Mittlere Fruchtgröße, aber es wurde auch Kleinfrüchtigkeit von einem Baum zum anderen festgestellt. Die Frucht hat einen langen Stiel. Die Fruchtform ist stumpfkegelig bis rundlich, als Grundfarbe ist Gelbgrün und als Deckfarbe Rotorange sichtbar.
Pflückreife: Anfang Oktober.
Lagereigenschaften: Bis November oder auch Dezember, abhängig von der Güte der Früchte.
Wuchs und Unterlagen: Aufrecht und leicht ausladend mit guter Fruchtholzbildung. Die sehr gute Fruchtbildung muss regelmäßig ausgedünnt werden. Für diese Sorte werden Unterlagen von schwach wachsend bis Halbstamm angeboten.
Blüte: Ab Ende April bis Mitte Mai. Guter Pollenspender.
Standortansprüche: Keine zu feuchten und Nebel gefährdeten Standorte für diese Sorte aussuchen, starker Schorfbefall kann die Folge sein. Nicht für zu hohe und zu raue Standorte geeignet.
Bemerkungen: Der Pflegeaufwand ist nicht unerheblich für diese Sorte. Sie neigt zu starkem Schorf- und Mehltaubefall.

Rubinette

Schweizer Orangenapfel
Frucht: Große, selten mittlere Fruchtgrößen, sehr schwer. Kurzachsig und flachkugelig. Grundfarbe Grüngelb, Deckfarben unterschiedlich: bei dieser Sorte von Rot in Blaurot übergehend.
Pflückreife: Ab Mitte Oktober.
Lagereigenschaften: Bis spätestens Februar sollte dieser Apfel aufgebraucht sein.
Wuchs und Unterlage: Die ersten Standjahre sind geprägt von einem starken Wuchs. Es werden steile Leitäste gebildet, die es zu beruhigen gilt (herunterbinden, oder mit Gewichten versehen). Der Baum lädt relativ breit aus. Es werden Unterlagen von schwach wachsend bis Halbstammgrößen angeboten.
Blüte: Ab Ende April bis etwa Mitte Mai.
Standortansprüche: Keine Einschränkungen bekannt. Nicht geeignet für hohe und raue bzw. kalte Lagen.
Bemerkung: Es wurde kaum Schorf- und Mehltaubefall festgestellt.

Most- oder Wirtschaftsäpfel:
'Bitterfelder', 'Bohnapfel', 'Börtlinger Weinapfel', 'Hauxapfel', 'Kardinal Bea', 'Mauzenapfel', 'Engelberger'

Birnensorten

Alexander Lucas

Frucht: Die Frucht ist groß bis sehr groß. Die Grundfarbe ist Grasgrün, die mit zunehmendem Reifeprozess in ein Hellgrün bis Gelbgrün übergeht. Auf der Sonnenseite stellt sich eine leicht rot eingefärbte Fläche ein.
Pflückreife: Ab Anfang Oktober.
Lagereigenschaften: Bis max. Ende Oktober.
Wuchs und Unterlagen: Der Baum wächst am Anfang relativ steil und schmal und bildet sehr viel Jungholz. Das Jungholz muss abgespreißt oder nach unten gebunden werden, sonst geht die Birne „durch" (d. h., sie wächst steil nach oben, ohne ausreichende Verzweigungen). Vom Sämling bis zur schwach wachsenden Unterlage wird alles angeboten.

Alexander Lucas

Blüte: Lang anhaltend von Anfang April bis Anfang Mai, als Befruchtersorte ungeeignet. Beim Kauf dieser Sorte immer darauf achten, ob Befruchtersorten in der Nähe sind, z. B. 'Gellert', 'Conference', 'Gute Luise'.
Standortansprüche: Die relativ unempfindliche Birne kommt mit robusteren Umgebungsbedingungen zurecht (bis 550 m Höhe evtl. auch höher). Ungeeignet sind zu feuchte und nasse Bodenverhältnisse (z. B. Talsenke mit einem Bach oder einem Fluss in der Nähe).
Bemerkung: Leichte Neigung zum Schorf. Wenn der Birnengitterrost in der Nähe vorkommt, wird diese Sorte stark davon beeinträchtigt. Hier kann die Behandlung mit einem Schorfmittel lindernd wirken.

Gellert oder Gellerts Butterbirne

Frucht: Die Frucht ist groß bis mittelgroß und nimmt eine stumpfkegelige Form ein. Die Grundfarbe ist Hellgrün, die im Laufe des Reifeprozesses von einer bräunlich gesprenkelten Farbe überdeckt wird. Die Kelchgegend ist relativ groß.
Pflückreife: Von Mitte September bis Anfang Oktober.
Lagereigenschaften: Maximal drei Wochen ab der Ernte.
Wuchs und Unterlagen: Dieser Baum entwickelt sich mittelachsenbetont. Er wächst stark und verzweigt nur schwach. Bei dieser Sorte kann der Baum leicht „durchgehen", d. h., es bildet sich ein starker Mitteltrieb ohne viel Verzweigungen. Als Gegenmittel eignet sich ein frühzeitiges Herunterbinden der Leitäste, um die Triebigkeit des Baumes einzudämmen. Das gilt für die schwach wachsenden Bäume und genauso für die Halb- bzw. Hochstämme. An Baummaterial sind alle Unterlagen verfügbar.
Blüte: Etwas später Beginn: Mitte April und bis in die erste, zweite Maiwoche andauernd.

Standortansprüche: Keine allzu große Ansprüche an die klimatischen Bedingungen. Die Sorte ist nicht ganz so robust wie 'Alexander Lucas', aber sonst relativ anspruchslos.
Bemerkung: Es besteht eine deutliche Schorfempfindlichkeit. Dort wo der Schorfpilz die Schale infiziert hat, verhärtet die Schalenoberfläche und reißt ein. Der Riss vergrößert sich im Laufe des Wachstums. Eine deutliche Qualitätseinbuße an den Früchten ist die Folge. Maßnahmen zur Schorfbekämpfung sind unbedingt erforderlich.

Gräfin von Paris

Frucht: Mittelgroß, die Frucht hat ein kegelförmiges Aussehen. Die Grundfarbe ist ein verwaschenes mattes Grün, selten mit schwach orangefarbener Deckfarbe. Die Kelchgegend ist gekennzeichnet durch eine berostete Fläche.
Pflückreife: Mitte Oktober bis Anfang November.
Lagereigenschaften: Im kühlen Keller von November bis Ende Dezember.
Wuchs und Unterlagen: Mittelstarker Wuchs, der nach dem vierten Standjahr langsam abnimmt. Der Baum entwickelt sich pyramidenförmig. Die Leitäste wachsen nicht senkrecht nach oben, sondern in aller Regel schräg ansteigend. Auch hier müssen die Äste in eine fast waagerechte Stellung (15°) gebracht werden. Unterlagen sind vom Sämling bis zum schwach wachsenden Baum verfügbar.
Blüte: Auch diese Sorte blüht relativ lang von Anfang April bis Anfang Mai.
Standortansprüche: Diese Birne benötigt warme Klimaverhältnisse (Weinbauklima ist für diese Sorte bestens geeignet), aber auch hier gibt es Ausnahmen, wie z. B. geschützte sonnige Hanglagen.
Bemerkung: Anfällig für Birnengitterrost und Schorf.

Gellerts Butterbirne

Herzogin Elsa

Frucht: Diese Birnensorte hat eine mittelgroße bis große Form. Die Grundfarbe ist Hellgrün bis Grün. Im Laufe der Zeit nimmt die Berostung zu, so dass die Frucht eine rostig braune Farbe bekommen kann. Standortbedingt können die Ausprägungen leicht unterschiedlich sein. Die Kelchgrube ist relativ flach.
Pflückreife: Ab Mitte September bis in den Oktober hinein.
Lagereigenschaften: Keine.
Wuchs und Unterlagen: Das Wachstum kann mittelstark bis stark beginnen, beruhigt sich dann aber. Meine Erfahrungen mit dieser Sorte zeigen, dass die am Anfang gebildeten, steilen Triebe durch Herunterbinden, Abspreizen oder Schnitt korrigiert werden können. Der Baum bildet nach dem zweiten oder dritten Standjahr (abhängig von der Unterlage) ausreichend bis gut Fruchtholz, neigt aber zum Quirlholz. Auch bei dieser Sorte werden vom Sämling bis zur schwach wachsenden Unterlage alle Möglichkeiten angeboten.

Blüte: Wie bei Birnen üblich, beginnt die Blüte recht früh ab Anfang April und dauert bis Anfang Mai an.
Standortansprüche: Vergleichbar mit der Sorte 'Alexander Lucas'. Sie ist relativ anspruchslos und trägt auch noch in höheren Lagen. Nicht zu empfehlen sind Kälteseen, das verträgt diese Sorte nicht so gut (wie übrigens alle anderen Sorten auch). Lagen bis 550 – 600 m ü. d. M. sind noch geeignet.
Bemerkung: Es ist keine besondere Anfälligkeit gegenüber Schorf oder Mehltau festgestellt worden. Einzig der Birnengitterrost machte ihr zu schaffen.

Nashi
Frucht: Die Frucht ist mittelgroß, rund, apfelförmig und sehr schwer.
Die Grundfarbe ist durchgehend Bronzebraun, erst ganz spät, kurz vor der Ernte, stellen sich Sonnenbäckchen ein.
Pflückreife: Ab Anfang September etwa drei Wochen lang.
Lagereigenschaften: Nur sehr kurz, maximal drei Wochen ab der Ernte.
Wuchs und Unterlagen: Sehr starkwüchsig, ohne ausgeprägte Mittenbildung. Er verzweigt sehr stark und bildet sehr viel Fruchtholz von nicht immer nach oben gerichteter Tendenz. Mir sind nur schwach wachsende Unterlagen (starke Buschbäume) bekannt.
Blüte: Von Anfang April bis Anfang Mai andauernd.
Standortansprüche: Im Albvorland bis 500 m Höhe problemlos pflanzbar. Dort wo Birnen noch gedeihen, kann diese Sorte auch gepflanzt werden.
Bemerkung: Das Aussehen der Frucht ist etwas gewöhnungsbedürftig. Die Frucht schmeckt nach Birne mit einem Schuss Apfel und ist sehr saftig. Ist die Frucht gut ausgereift, hat der Geschmack etwas Rumhaftes. Die Schädlinge wissen mit dieser Pflanze recht wenig anzufangen, weder Raupenfraß noch Pilzbefall haben sich eingestellt. Auf Grund dieser guten Rahmenbedingungen stellt sich eine sehr hohe Ausbeute ein. Für Liebhaber durchaus interessant.

Most- oder Wirtschaftssorten:
'Gelbmöstler', 'Grüne Jagdbirne', 'Oberösterreichische Weinbirne', 'Schweizer Wasserbirne'

Walnuss-Sorten

Die Walnuss-Sorten werden überwiegend in Nummern angegeben. Nachfolgend sind einige bewährte Sorten aufgeführt.

Nr.: 120
Baum: Wächst sehr stark und treibt spät aus.
Blüte: Spät.
Frucht: Groß bis sehr groß (zwischen 4,5 und 5,0 cm).
Bemerkung: Eine der besten deutschen Sorten. Für den Hobbyanbau empfehlenswert, benötigt aber einen freien Stand.

Nr.: 139
Baum: Wuchs mittel- bis stark, treibt mittelfrüh aus.
Blüte: Spät.
Frucht: Mittelgroß (knapp 4 cm).
Bemerkung: Benötigt einen besseren Standort als Nr. 120 (in Bezug auf Klima, Lage, Temparatur).

Nr.: 26
Baum: Großkronig, ins Breite gehend.
Blüte: Spät.
Frucht: Mittelgroß, teilweise klein.
Bemerkung: Nicht spätfrostgefährdet.

Zusammenfassung der Eigenschaften von Sorten für den Eigenanbau (persönliche Erfahrungswerte)

* Angaben für die Genussreife gelten für einen normalen, nicht zum Boden offenen Keller. Bei besseren örtlichen Gegebenheiten verlängern sich die Zeiten entsprechend.

Sorte	Pflückreife	Genussreife*	Eignung für den Hobbyanbau +++ gut ++ mittelmäßig + bedingt geeignet	Bemerkungen
Äpfel				
Alkmene	A – M9	9 – 11	++/+	Schorf- und Mehltauanfälligkeit vorhanden, anfällig gegenüber Fruchtfäule
Berlepsch	A – M10	bis 12/1	++/+++	Etwas anfällig für Obstbaumkrebs
Fiesta	M9	bis E11	+++	Apfel für den Frischverzehr
Florina	M10 – E10	bis E2	+++	Kaum anfällig gegen Schorf und Mehltau
Fuji	E10	bis E3	++	Etwas schorfempfindlich
Gelber Bellefleur	M10	E12	++	Kurz schneiden
Gloster	E9 – A10	bis E1	++	Neigung zu Kernhausverpilzung
Goldparmäne	M9	bis M1	++	Schorf- und mehltauanfällig
Idared	M10 – A11	bis 3	++/+++	Etwas anfällig gegen Mehltau
McIntosh	M9	A11	++/+	Anfällig gegen Schorf
Jamba	M8	M8 – A9	+++	
Pinova	A10	bis M1	+++	Kaum anfällig gegen Mehltau, Schorf und Fruchtfäule; sehr pflegeleicht
Piros	A8	M8 – E8	+++	Sehr pflegeleicht
Remo	A9 – M9	E10 – M11	+++	Saftapfel und sehr pflegeleicht
Reglindis	A9	M10 – M11	+++	Saftapfel und sehr pflegeleicht
Rubinette	M9 – A10	bis E12	+	Sehr anfällig gegen Schorf
Schweizer Orangenapfel	M10	M2	++/+++	Kaum anfällig gegen Pilzinfektion
Topaz	M10	M1	++/+++	Kaum anfällig gegen Schorf und Mehltau
Birnen				
Alexander Lucas	A10	E10	+++	Pflegeleichte und robuste Sorte
Gräfin von Paris	M10 – A11	E11 – E12	++	
Gellerts Butterbirne	M9 – A9	M10	+	Schorfanfällig und dadurch Risse in der Fruchtschale
Herzogin Elsa	M9 – M10	A10 – E10	++	
Nashi	A9 – E9	A9 – M10	+++	Nur sehr geringer Pflegeaufwand notwendig

Der Aufbau des Baumes

Ein Baum besteht, grob betrachtet, aus Blättern, Zweigen, Ästen und dem Stamm. Der Obstbaum lässt sich in drei Hauptbereiche, den Kronen-, den Stamm- und den Wurzelbereich, untergliedern. Die einzelnen Zeichnungen oder Fotos verdeutlichen die Bereiche, zusätzlich sind die wichtigsten Einzelbereiche näher beschrieben.

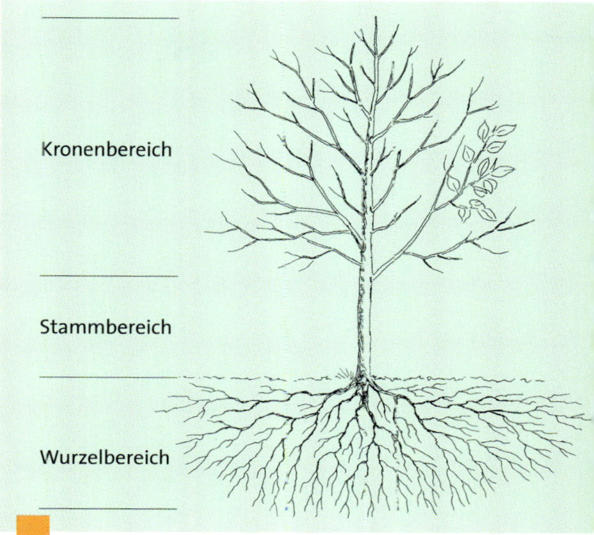

In den verschiedenen Bereichen des Baumes übernehmen die einzelnen Organe bestimmte Aufgaben: Die Blättern wandeln im Chlorophyll (dem Blattgrün) Kohlendioxid mit Hilfe des Lichtes in Kohlenhydrate um. Der Stamm dient als Speicherorgan und zum Nährstofftransport. Die Wurzeln haben die Aufgabe der Wasser- und Nährstoffaufnahme und der Nährstoffspeicherung.

Knospen

Knospe ist nicht gleich Knospe, selbst im Ruhezustand lassen sie sich unterscheiden:

Die **Terminalknospe** befindet sich am Ende der langen, kräftig ausgebildeten einjährigen Langtriebe. Die Terminalknospe kann Blatt- oder Blütenknospe sein.

Aus der **Achselknospe** oder **Blattknospe** bilden sich die Blätter. Die Knospe erscheint relativ klein und schmal.

Die **Blütenknospen** sind rundlicher und dicker als die Blattknospen.

Unter einer **schlafenden Knospe** oder einem **schlafenden Auge** versteht man eine in Ruhestellung (noch nicht ausgereifte) befindliche Knospe. Der Austrieb findet nur dann statt, wenn sich eine besondere Situation eingestellt hat (z. B. Astbruch oder starker Schnitt).

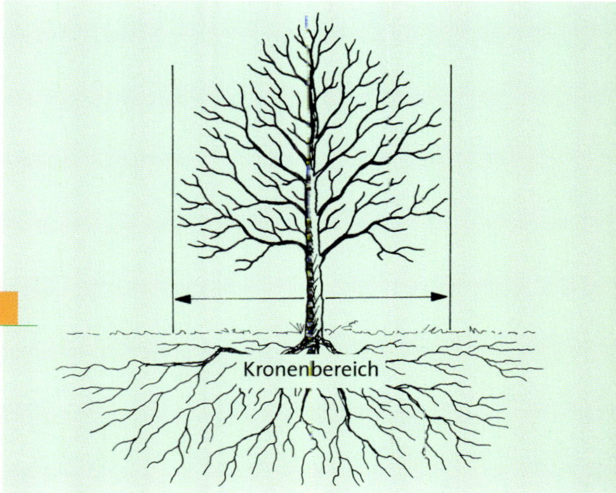

Der Wurzelbereich geht über den Kronenbereich um das 1,5- bis 2-Fache hinaus. Ein 30-jähriger Apfelbaum kann bis in eine Tiefe von 2 m wurzeln, wobei etwa 50 Prozent der Wurzeln in einem Bereich zwischen 5 und 60 cm liegen.

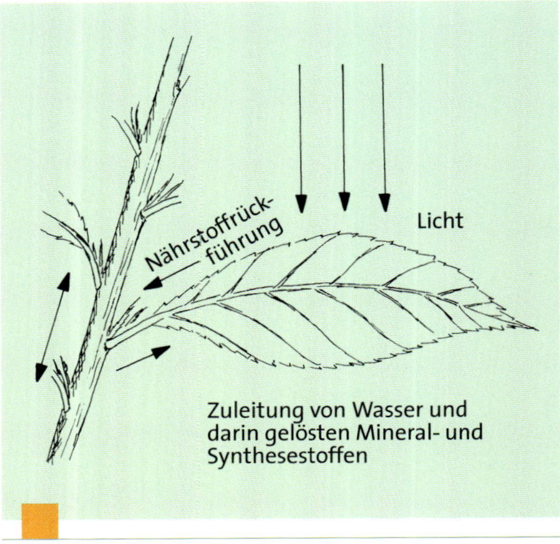

Vereinfachte Darstellung der Nährstoffrückführung vom Blatt zu den Speicherorganen (Stamm und Wurzeln). Wenn Bäume kümmern oder wenn ein hoher Schädlings- und Pilzdruck auf ihnen lastet, fehlt unter Umständen Blattmasse, um genügend Reserven für die kommenden Vegetationsperioden zu bilden. Ohne Schutz- und Pflegemaßnahmen geht es nicht.

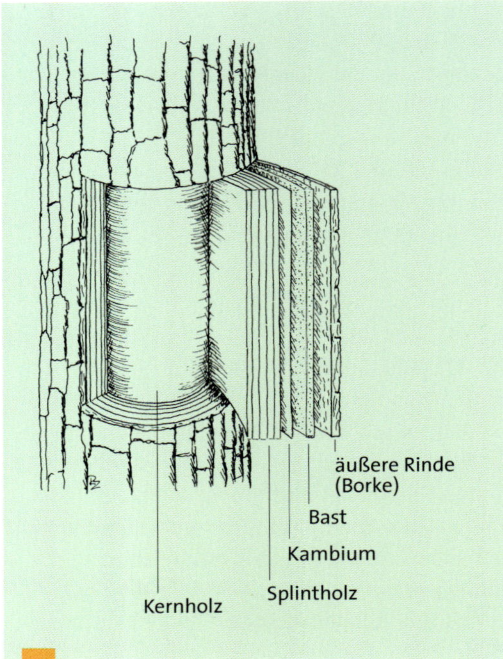

Schnittbild eines Baumstammes.

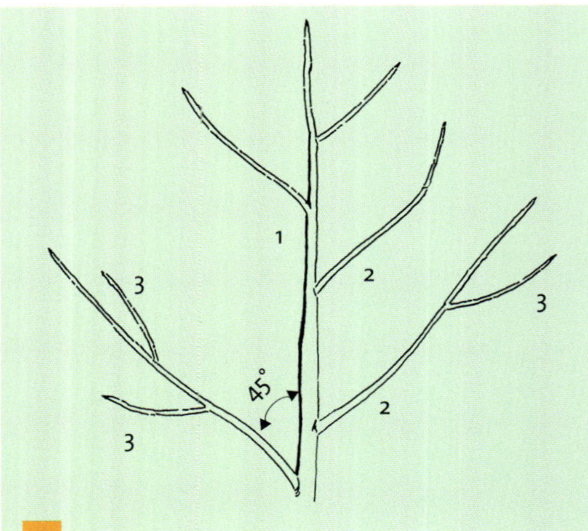

Einteilung des Kronenbereiches: 1 Stamm-Mitte oder Hauptachse, 2 Leitäste = Seitenäste erster Ordnung, 3 Seitenäste zweiter Ordnung usw.

Der Stamm

Die **Rinde bzw. Borke** bildet den äußeren Abschluss bzw. die Schutzschicht des Baumes. An Hand der Rindenstruktur kann auch der Laie eine schnelle Eingruppierung der Baumart durchführen. So weisen etwa alle Kirschbäume eine charakteristische „Ringelborke“ auf.

Im **Bastteil oder Phloem** werden die durch Assimilation gewonnenen Nährstoffe von oben nach unten transportiert (unter Assimilation versteht man die Umwandlung des Kohlendioxids in den Blättern mit Hilfe des Sonnenlichts in Zucker). CO_2 (Kohlendioxid) ist ein natürlicher Bestandteil der Luft. Zusätzlich werden auch in diesem Bereich (wie auch in den Wurzeln) die Nährstoffe eingelagert bzw. gespeichert. Etwaige Verletzungen in diesem Bereich durch Wildverbiss und Mähwerkzeuge wirken sich besonders negativ auf die Nährstoffversorgung des Baumes aus, weil in diesem Bereich die Nährstoffversorgung unterbrochen wird. Der Baum bildet in der Folge wenig Jungholz und Blütenansätze und kann kümmern. Eine Verbesserung stellt sich in aller Regel erst in den Folgejahren ein.

Das **Kambium** bewirkt das Dickenwachstum des Baumes. Es scheidet nach außen Bast ab, nach innen die Holzzellen, für uns später als Jahresringe sichtbar. Bitte achten Sie darauf, dass kein Draht (z. B. durch Etiketten) eng um den Stamm gewickelt wird. Nach ein oder zwei Jahren ist der Draht eingewachsen, das Kambium wird eingeschnürt, der Assimilatetransport ist gestört. Diese Störungen der Nährstoffversorgung erhöhen die Anfälligkeit für Pilz- und Virusinfektionen und können im ungünstigsten Fall zum Verlust des Baumes führen.

Der **Holzteil oder das Xylem** übernimmt den Wassertransport von den Wurzeln in die Baumkrone. Der **Splint** sind die jüngeren Holzschichten, die noch Speicherfunktionen übernehmen. Nur in diesem Bereich findet Wassertransport statt. Das **reife Holz** des Baumes enthält keine lebenden Zellen mehr. Es dient nur noch zur Festigung des Stammes. Im sogenannten **Kernholz** wird zur Verstärkung des Holzkörpers zusätzliche Füllmasse zur Festigung eingeladert. Daher rührt die oft dunklere Färbung.

Blüten- und Fruchtbildung

Blütezeiten

Der Zeitpunkt der Blüte spielt vor allem in Spätfrost gefährdeten Gebieten eine Rolle. Um sicher zu gehen, sollte man gerade bei Pfirsich und Aprikose auf spät blühende Sorten ausweichen, und auch der Kälteverträglichkeit der Apfelblüte sind Grenzen gesetzt. Sollte der Frost einmal so streng gewesen sein, dass sich die Blätter braun verfärben, so werden sich wohl keine Früchte mehr bilden. Das genaue Ausmaß des Frostschadens kann man nach etwa einer, maximal nach zwei Wochen feststellen, dann ist der Stempel der Blüte in aller Regel schwarz geworden und eine Fruchtbildung ist nicht mehr möglich.

Blühverhalten der verschiedenen Obstgehölze

Apfel
Blütezeit je nach Sorte von Anfang April bis Ende Mai. Auswahl der Sorte nach den örtlichen Klimabedingungen (z. B. Hochlagen, raues Klima beachten).

Birne
Blütezeiten relativ früh. Bevor Sie Ihre Kaufentscheidung treffen, sind regions- bzw. gebietsbedingte Klimafaktoren zu berücksichtigen. Eine relativ robuste Sorte ist zum Beispiel 'Alexander Lucas'; sie trägt auch an ungünstigen Standorten (z. B. Ostausrichtung, Talsenken).

Süßkirsche
Frostempfindlich, nur für geschützte Lagen (z. B. Südhanglagen, keine Bach- oder Flusslagen).

Sauerkirsche
Widerstandsfähiger als die Süßkirsche.

Nussbaum
Spätfrostempfindlich und auf Windbestäubung angewiesen.

Befruchtung

Wir unterscheiden bei den Obstgehölzen (Apfel, Birne, Kirsche, Walnuss usw.) zwischen selbst fruchtbaren und selbst unfruchtbaren Obstgehölze.

Selbst fruchtbar sind Pfirsich, Aprikose, frühe Zwetschge, Mirabelle, Walnuss, Sauerkirsche (z. B. 'Schattenmorelle'), aber *nie* die Süßkirsche.

Fruchtausdünnung: Oben ein Fruchtbüschel vor dem Ausdünnen. Unten: Es bleiben noch zwei bis drei Fruchtkörper übrig.

Selbst unfruchtbar sind alle Apfel-, Birnen- und Süßkirschensorten.

Beim Kauf von selbst unfruchtbaren Obstgehölzen sollten Sie Folgendes beachten: Kaufen Sie mindestens zwei unterschiedliche Sorten der gleichen Art (z. B. Süßkirsche: 'Burlat' + Bestäubersorte oder Apfel: 'Goldparmäne' + Bestäubersorte), nur so ist eine gute bzw. ausreichende Befruchtung durch Wind und Insekten gewährleistet.

Eine Befruchtung durch Bienen und Insekten ist stets effektiver als eine reine Windbefruchtung! Durch Aufstellen eines Insektenhauses oder Kontakt zu einem Imker, der ein Bienenvolk in der Nähe aufstellt, schaffen Sie gute Voraussetzungen für eine gute Befruchtung in Ihrer Obstkultur. Haben Sie aber nur Platz für ein, zwei oder drei Obstbäume, so wäre der Aufwand unverhältnismäßig. Aber auch die wenigen Bäume ziehen eine genügende Zahl von Insekten (z. B. Hummeln) an, die für eine ausreichende Befruchtung sorgen.

Unter **Befruchtersorten** versteht man gute Pollenspender der gleichen Fruchtgattung. Folgende Befruchtersorten zeichnen sich durch ihre Robustheit und Fruchtbeständigkeit aus: 'Alkmene', 'Idared', 'Gloster', 'Remo', 'Goldparmäne'.

Auch die Pflanzung von Wildapfel- oder Zierapfelsorten hat sich bewährt. Je nach Größe der Anlage können Sie ein oder mehrere Pollenspender einstreuen – am besten direkt in die Anlage. Pflanzungen am Rand sind weniger zu empfehlen.

Alternanz

Wenn in einem Jahr der Baum viele Früchte trägt und im Folgejahr kaum oder gar nicht, so spricht man landläufig von Alternanz. Vereinfacht ausgedrückt bedeutet es, dass in aller Regel nach einem guten ein schwaches Ertragsjahr folgt. Die Ursache liegt im Wuchsstoff-Hemmstoff-Haushalt des Baumes selbst.

Bei starker Fruchtbildung verhindert der Baum durch Hemmstoffe die Bildung von Blütenknospen für das nächste Jahr, damit sind zwangsläufig verbunden: weniger Blüten, weniger Befruchtung, weniger Früchte. Diesen Selbstschutz wendet der Baum an, um nicht all seine Nährstoffe und Reserven in die Fruchtbildung einzubringen. Aber es gibt wirkungsvolle Maßnahmen gegen die Alternanz, z. B.:

- Das rechtzeitige Herausschneiden (bis Mitte Juni) und Ausdünnen des Fruchtbehangs von Hand oder mit der Schere. Reduzieren auf maximal drei Früchte pro Blütenbüschel unter Berücksichtigung des Gesamtblütenvolumens. Damit wird erreicht, dass die zukünftige Blütenbildung nicht eingeschränkt wird.
- Das Entfernen von altem Holz. Damit wird die Jungholzbildung angeregt.
- Hemmung des Astwachstums durch Herunterbinden des Triebes. Am flachen Ast werden mehr Blütenknospen gebildet als am steil aufsteigenden Ast.
- Ausgewogene Mineralstoffversorgung, d. h. maßvolles Umgehen mit Stickstoffdünger. Zu hohe Stickstoffgaben wirken der Blütenknospenbildung entgegen.

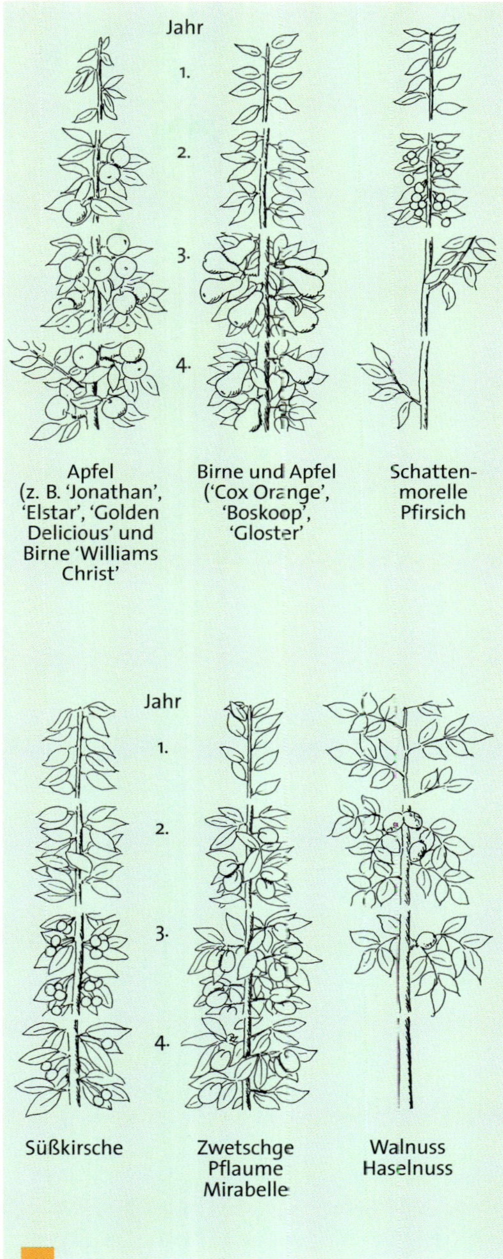

Zonen der natürlichen Blüten- und Fruchtbildung bei den verschiedenen Obstarten.

Fruchtholzbildung

Die einzelnen Äste einer Krone verhalten sich in Bezug auf ihre Blühwilligkeit nicht gleichwertig. Die Fruchtbarkeit nimmt von den äußeren jüngeren Baumpartien zu den älteren inneren hin ab. Junge, erstmals blühende Sprosse tragen nicht nur viele, sondern auch vollwertige Blüten mit hoher Tendenz zur Fruchtbildung. In älteren Kronenpartien kann die Blühwilligkeit schlechter sein (teilweise

Die Verkahlung ist bei diesem Baum bereits weit fortgeschritten.

abhängig von der Sorte) und es entstehen nur minderwertige kleine Früchte (z. B. 'Goldparmäne'). Abhilfe dagegen ist nur durch die ständige Trieberneuerung möglich. Durch die Jungholzbildung wird das allmähliche Verkahlen des Kronenzentrums verhindert, der Baum kann physiologisch jung gehalten werden. Die Abbildung verdeutlicht den Verkahlungseffekt, der sich am Baum im Laufe der Zeit einstellen kann, wenn nicht pflegend eingegriffen wird.

Unterlagen

Für den Selbstversorger oder Hobbygärtner gelten grundsätzlich andere Entscheidungskriterien als im Erwerbsobstbau. Die für den Erwerbsobstbau wichtigen Merkmale lauten:

- schneller Ertrag
- hohe Qualität, guter Geschmack, Fruchtgröße und gute Ausfärbung
- geringer Pflegeaufwand
- günstiges Verhältnis zwischen Fruchtvolumen und Flächenbedarf

Diese treffen für den Selbstversorger und Hobbygärtner kaum zu. Für ihn sind andere Kriterien für die Wahl einer Obstsorte entscheidend:

- pflegeleicht
- Lebensdauer
- Bodenverträglichkeit
- Landschaftsbild
- Sorte

Auf der rechten Seite sind die handelsüblichen Baumgrößen und Unterlagenbezeichnungen aufgeführt. Sie erleichtern Ihnen die Kaufentscheidung in Bezug auf Kronendurchmesser, Ertrag und Standfestigkeit des Baumes.

Folgende Erkenntnis kann daraus abgeleitet werden: Je schwächer die Unterlage (die Baumschulen beraten Sie gerne) desto höher sind die Ansprüche an die Bodenqualität.

Ein paar Beispiele: Hoch-, Halb- und Viertelstammbäume können relativ problemlos auf Ackerflächen gepflanzt werden. Busch- und Spindelbäume erfordern gute Bodenbedingungen. Für den Hobbygärtner bedeutet das: Es muss vor dem Pflanzen eine Bodenaufbereitung in Form von Humus- oder Sand- und evtl. Nährstoffzufuhr erfolgen, um einen guten Ertrag zu ermöglichen.

Kronenaufbauten

Es gibt eine Vielzahl von verschiedenen Methoden, das Astgerüst zu erziehen, man spricht dabei von Kronenaufbauten. Im Wesentlichen unterscheidet man folgende Kronenformen:

- Pyramidenkrone
- Tellerkrone
- Dreiasthecke (heute nicht mehr so üblich)
- schlanke Spindel

Nachfolgend wird schwerpunktmäßig der Kronenaufbau von der Pyramidenkrone und der schlanken Spindel beschrieben. Wir werden uns auch im Kapitel „Schnittmaßnahmen“ vorwiegend mit diesen Kronenformen beschäftigen. Die anderen Kronenformen sind heute nicht mehr so üblich oder finden hauptsächlich im Erwerbsobstbau ihren Einsatz.

Die **Pyramidenkrone** kommt den in der Natur vorkommenden Kronenformen am nächsten.

Der Aufbau der Krone basiert im Wesentlichen auf folgende Hauptkomponenten: Stamm, drei, maximal vier Leitäste, Seitenäste, Fruchtäste.

Die **schlanke Spindel** entspricht keiner natürlichen Wuchsform des Baumes. Sie wurde hauptsächlich in den Obstbauregionen, z. B. am Bodensee, im Alten Land, in Südtirol, als schnell Frucht tragendes Obstgehölz eingeführt. Tatsächlich kann man bei einer Frühjahrspflanzung schon im gleichen Jahr einen oder zwei voll entwickelte Früchte ernten. Der Aufbau gliedert sich wie folgt:

- Stamm-Mitte (oder Hauptachse)
- drei bis fünf Seitenäste
- Fruchtäste.

Je nach Schnittmaßnahmen nimmt die schlanke Spindel im Endstadium eine Höhe von etwa 2,5 m und einen Kronendurchmesser von bis zu 2 m (beim Hobbygärtner) ein.

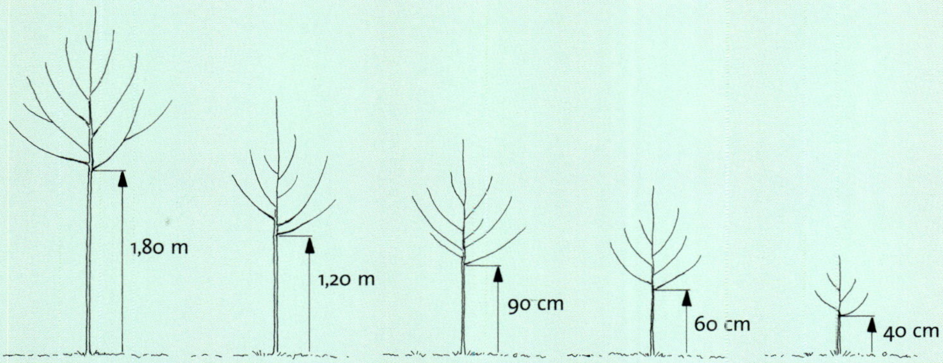

	Hochstamm	Halbstamm	Viertelstamm	Busch	Spindel
Bezeichnung	Sämling	A2 oder M11	M7 oder M4	M26	M9 oder M27
Kronen-Durchmesser	12–16 m	6–10 m	4–6 m	bis 4 m	bis 2 m
Baumhöhe	über 10 m	über 6 m	über 4 m	über 3 m	über 2 m
Ertragsbeginn	nach 7 Jahren	nach 4 Jahren	nach 3 Jahren	nach 1 Jahr	im Pflanzjahr
Standfestigkeit	sehr gut	sehr gut	sehr gut	gering	sehr gering

Unterlagen von Apfelbäumen. Im Prinzip gilt das Gleiche auch für die Birne, jedoch wird hier keine so starke Abstufung vorgenommen. Birnen auf Quittenunterlage haben einen mittelstarken Wuchs, vergleichbar dem Apfelhalbstamm.

Pflanzung und Pflanzsysteme

Bodenvorbereitung

Vor einer jeden Pflanzung ist die Bodenvorbereitung besonders wichtig. Sie entscheidet im Wesentlichen darüber, ob die Pflanzware gut anwächst oder nicht. Es ist dabei besonders wichtig, dass Sie für gut gelockerten (keine großen Klumpen), nährstoffreichen Boden sorgen. Er sollte einen ausgewogenen Humusanteil enthalten (etwa 30 % Humus oder handelsübliches Substrate). Ein Baum oder Strauch in eine schlecht vorbereitete Pflanzgrube gepflanzt (große Klumpen, nährstoffarme oder tote Erde) bedeutet einen lange kümmernden Wuchs, verstärkte Krankheitsanfälligkeit und einen nur spärlichen Fruchtbehang. Damit es nicht so weit kommt, folgen ein paar Hinweise und Tipps, die – richtig umgesetzt – mit einem gut wachsenden Baum oder Strauch belohnen.

Apfel und Birne

Auf einem freien Grundstück (Acker, Wiese)

Apfel und Birne gedeihen bevorzugt auf einem guten, tiefen und dränierten Lehmboden; das heißt: Wasser kann abfließen und es entsteht keine Staunässe. Auch sehr sand- oder kieshaltige Standplätze führen zu keiner guten Baumentwicklung. Sollten Ihre Bodenbedingungen nicht optimal sein, so können Sie den Boden in der Pflanzgrube mit Sand (bei schweren Böden) und mit Hilfe von gut verrottetem Mist oder Kompost verbessern. Hier ist allerdings das Ausheben einer großen Pflanzgrube Voraussetzung.

Was Apfel oder Birne nicht vertragen, sind „nasse Füße" (d. h., der Wurzelbereich steht im Wasser). Sehr nasse Bodenverhältnisse (Staunässe, hoher Grundwasserspiegel) sind nicht ideal für diese Obstart, man könnte höchstens auf die Zwetschge ausweichen.

Arbeiten im Herbst

Sofern es sich um Ackerland ohne Grasnarbe handelt, reicht ein Durchhacken bzw. ein Auflockern der oberen Schichten.
Bodenunebenheiten sind soweit durchführbar auszugleichen.
Bodenproben ziehen und analysieren lassen: Der pH-Wert sollte 6,5 (± 0,5) betragen. Hinweis: bei extremen Bodenwerten (hoher Nährstoffgehalt oder stark basischer bzw. saurer Boden) holen Sie sich gezielte Informationen über weitere Maßnahmen bei Ihrem zuständigen Landwirtschaftsamt oder bei der Grünlandberatung.

Arbeiten im Frühjahr

Reihenanordnung möglichst in Nord-Süd-Richtung.
Pflanzgruben ausheben.
Pfahl einschlagen.
Baum pflanzen und Grube füllen.
Pflanzstreifen oder Pflanzscheibe in den ersten zwei bis drei Jahren von Gras freihalten.

Für ein freies Grundstück, das bepflanzt werden soll, empfehle ich Ihnen mindestens ein halbes Jahr vor der Pflanzung mit den Vorbereitungen anzufangen. Die beste Zeit dafür ist der Herbst, da der Frost in die Erdschollen eindringt und die Krümelbildung fördert.

Auf einem bestehenden Grundstück mit Baumbestand

Sie beabsichtigen einen oder mehrere weitere Obstbäume auf Ihrem Grundstück zu pflanzen. Sollten die Bäume auf Plätze gepflanzt werden, auf denen vorher kein Baum stand, so können Sie wie oben beschrieben vorgehen. Sind aber auf diesen Plätzen vorher Obstbäume gestanden, so empfehle ich Ihnen folgende Vorgehensweise:

1. Wurzelstock und starke Wurzeln soweit wie möglich entfernen (um die Entwicklung von Fäulnispilzen im Boden zu vermeiden).
2. Neue Pflanzgrube *nicht* am gleichen Platz ausheben wie die alte, sondern etwas entfernt (je weiter desto besser) ausheben. Dieser Aufwand ist nötig, weil der nicht mehr vorhandene Baum die Erde um seinen Standort völlig ausgelaugt hat. War der vorherige Baum ein Halbstamm, so empfehle ich mindestens einen Abstand von 2,50 m vom alten Standort zur neuen Pflanzgrube. Wenn das nicht möglich ist, ist ein großräumiges Ausheben (1,50 m × 1,50 m!) der Pflanzgrube am alten Standort nötig. Pflanzen Sie nicht unbedingt die gleiche Art von Baum an den Platz, an dem vorher z. B. ein Apfelbaum stand. Bei einem Hochstamm sind die Werte größer zu wählen, bei einem Buschbaum entsprechend zu verringern.
3. Keine schwach wachsenden Bäume in direkte Nähe von Halb- oder Hochstammbäumen pflanzen. Das Wurzelgeflecht der starken Bäume reicht so weit, dass es dem jungen Baum die Nährstoffe entzieht, und dieser kümmert oder er geht ein. Ein Mindestabstand von 2,50 m (besser mehr) sollte eingehalten werden.

Kirsche, Zwetschge, Pflaume

Die Süß- und die Sauerkirschen gedeihen sehr gut auf leichtem, gut durchlässigem Boden. Sandige Böden sowie Kiesböden sind auch noch akzeptabel. Der pH-Wert sollte zwischen 6 und 7 liegen. Für die Pflaumen ist ein pH-Wert von 7 anzustreben. Auch hier ist eine gute Wasserabfuhr notwendig, aber nicht so zwingend erforderlich wie bei Apfel- oder Birnbäumen. Sollte eine Bodenkalkung (abhängig vom pH-Wert) notwendig sein, so vertragen die Kirschen höhere Gaben als die Apfelbäume.

Der pH-Wert kann mit verschiedenen im Handel angebotenen Tinkturen gemessenen werden. In der Regel entnimmt man dem Boden feinkrümelige Erde und gibt sie mit einer bestimmten Menge Wasser in ein Glasgefäß. Hinzu kommt dann die Indikatorflüssigkeit, alles wird gut gemischt. Nach einigen Minuten verfärbt sich die Flüssigkeit; an der Tönung kann man mit Hilfe einer Farbtabelle den zugehörigen pH-Wert feststellen.

Himbeere, Brombeere, Johannisbeere, Stachelbeere

Sowohl Himbeeren als auch Brombeeren sind von ihrem Ursprung her Waldrandgewächse und benötigen deshalb saure Bodenverhältnisse (pH-Wert unter 6).

Der Boden sollte einen guten Humusanteil besitzen (Waldboden ist sehr humusreich). Bei der Pflanzung beträgt der Torfanteil mindestens ein Drittel. Es darf in keinem Fall gekalkt werden, das führt unweigerlich zu Chlorose (Gelbwerden der Blätter). Als Standort für Himbeeren oder Brombeeren muss kein Sonnenplatz ausgesucht werden, es eignen sich auch halbschattige oder schattige Plätze.

Johannisbeeren gedeihen auf fast jedem Boden, sie bevorzugen Schattenplätze (z. B. Nordseite). Wichtig für die Pflanzung ist, dass der Boden einen guten Humusanteil besitzt: Daher gilt es Kompost reichlich in die Pflanzgrube einzuarbeiten. Bei der Stachelbeere verhält es sich ähnlich wie bei der Johannisbeere, sie wächst auf fast jedem Boden und die Angaben bei der Johannisbeere können direkt übernommen werden.

Pflanzgrube

Kern- und Steinobst

Grundsätzlich können Sie zwischen verschiedenen geometrischen Formen wählen:

- die runde Form oder
- die quadratische bzw. rechteckige Form.

Ich empfehle die quadratische oder rechteckige Form; sie lässt sich leichter mit dem Spaten herstellen. Was die Maße der Pflanzgruben betrifft, werden in der Literatur bei Neupflanzungen für Hochstämme Kantenlängen von 1 m oder sogar 1,50 m mit 70 cm Tiefe gefordert. Auf Grund der praktischen Erfahrung bei meinen eigenen Pflanzungen sowie bei Pflanzaktionen im Rahmen von Vereinsarbeit betrachte ich diese Größenangaben als deutlich an der oberen Grenze orientiert, was hobbygärtnerische Sorgfalt anbelangt. Wichtig ist aus meiner Sicht nicht so sehr die Grubengröße, es kommt vielmehr auf die Bodenaufbereitung und die Pflanzenvorbereitung an. Ein gut durchgeführter Wurzelschnitt, das leichte Andrücken der eingeschaufelten Erde und zum Schluss das ausreichende Angießen des Baumes (Einschwämmen von feinkrümeliger Erde in die Hohlräume) bilden die Voraussetzung für das erfolgreiche Anwachsen des Baumes. Auch sollten Sie die Grube nicht zu früh vor dem Pflanztermin ausheben. Sie vermeiden dadurch, dass die Erde austrocknet. Als Orientierungshilfe sind auf Seite 33 einige Abmessungen für bestimmte Baumgrößen genannt, die man bei Bedarf erhöhen kann:

Die vorher abgestochene Grasnarbe sollte nach der Pflanzung nicht wieder aufgesetzt werden. Damit wird erreicht, dass bei Regen das Wasser schneller zu den Wurzeln des Baumes gelangt.

Wurzelschnitt heißt, dass starke Wurzeln um etwa ein Drittel zurückgeschnitten werden, vertrocknete Wurzeln werden entfernt.

Beerenobst

Bei Topf- oder Containerpflanzen können Sie für die Pflanzlochgröße folgende Faustregel anwenden: Pflanzlochdurchmesser etwa 1,5-mal oder doppelt so groß wie der Durchmesser des Pflanztopfes und etwa 1,5-mal so tief wie die Pflanztopfhöhe. Diese Regel können Sie auch bei Ballenpflanzen anwenden. Die ausgehobene Erde wird mit nassem Torf (Anteil etwa ein Drittel) gemischt und nach der Pflanzung am Rand wieder eingebracht (Beerensträucher sind Waldrandpflanzen und brauchen leicht sauren Boden).

Für starke Johannisbeer-, Stachelbeer- oder Jostabeerbüsche (4 bis 6 Triebe) empfehle ich eine Pflanzgrube mit den Mindestmaßen: Länge/Breite etwa 40 cm, Tiefe etwa 30 bis 40 cm. Bei schwächeren Büschen kann man die Länge/Breite auf etwa 25 bis 30 cm und die Tiefe auf 30 cm reduzieren.

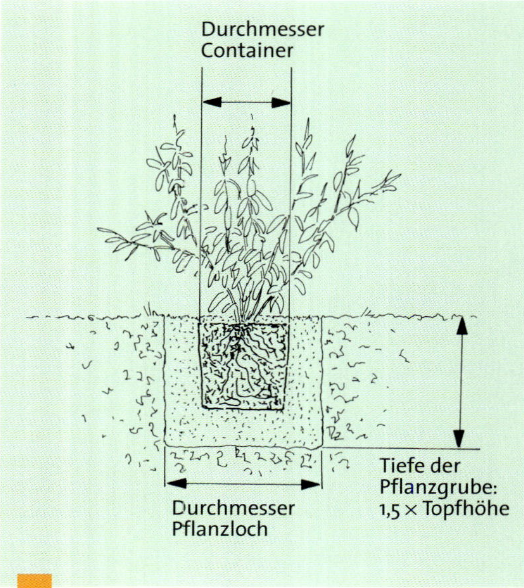

Pflanzgrube für einen Beerenstrauch im Container. Man pflanzt etwa 5 cm unter Bodenniveau ein.

Büsche werden meistens „wurzelnackt“, also mit offenliegenden Wurzeln (z. B. Johannisbeere, Jostabeere usw.), oder als Ballenpflanzen angeboten. Nachdem Sie das Pflanzloch ausgegraben haben, können Sie gleich pflanzen. Bei Ballenpflanzen ist nicht zu vergessen, nach der Pflanzung das Ballentuch am Tuchknoten aufzuschneiden. Das Ballentuch kann im Pflanzloch bleiben, da es im Laufe der Zeit verrottet.

Pflanzzeiten

Kern- und Steinobst pflanzt man entweder im Herbst oder im Frühjahr.

Pflanzung im Herbst: Wenn Sie Ende November oder sogar erst Anfang Dezember pflanzen, gehen Sie das Risiko ein, dass die Pflanze nicht anwächst, so spät im Jahr hat die Pflanze kaum noch die Möglichkeit Wurzeln zu bilden. Der bessere Zeitraum ist zwischen Ende Oktober und spätestens Mitte November. Bei einer richtig durchgeführten Pflanzung im Herbst wächst die Pflanze noch an und treibt im Frühjahr gut aus. Ist der Winter nicht zu streng, sind die Startbedingungen besser als bei der Frühjahrspflanzung.

Pflanzung im Frühjahr: Im Frühjahr können Sie erst mit dem Pflanzen beginnen, wenn der Boden nicht mehr gefroren ist. Das heißt, eine Bodenbearbeitung auch in einer Tiefe von 30 bis 40 cm muss mit dem Spaten machbar sein. Das ist in aller Regel erst ab Mitte bis Ende März möglich (je nach Region gibt es hier Unterschiede).

Für **Beerenobst** ist das zeitige Frühjahr (ab Mitte März) die beste Pflanzzeit.

Pflanzung von Bäumen

Je nach Art des Baumes (z. B. schwach wachsend oder Sämling) müssen Sie Ihrem Baum den Start in seine Vegetationslaufbahn erleichtern. Nachdem Sie die Pflanzgrube ausgehoben haben, empfehle ich für alle

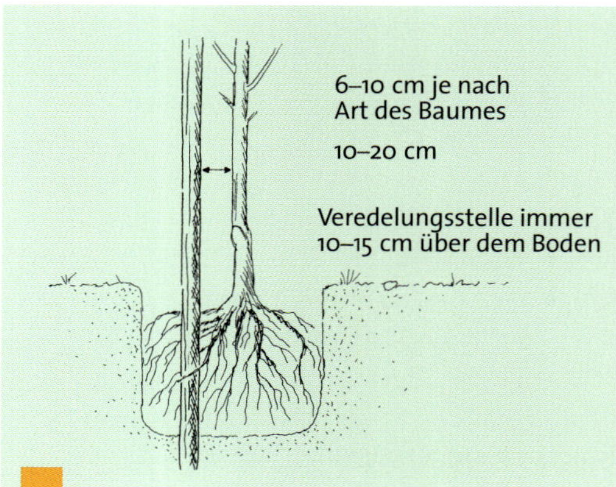

Richtiges Pflanzen für einen Obstbaum.

Wichtig bei der Pflanzung von Beerenobst (wie auch bei den Bäumen):

- das Einfüllen von krümeliger Erde mit Kompostzugabe,
- das vorherige Wässern der Wurzeln,
- ein gut durchgeführter Wurzelschnitt (abgestorbene Teile wegschneiden),
- keine nach oben verlaufenden Wurzeln in der Pflanzgrube.

Für eine gute „Verstockung" der Pflanze pflanzt man diese etwa 3 bis 5 cm tiefer. Für Spalieraufzucht wird die Pflanze kaum mit Boden bedeckt (etwa 1 bis 2 cm) und man belässt nur maximal *zwei* starke Triebe. Mit dem Gießen der Pflanze und dem Andrücken der Erde schließt die Pflanzaktion dann ab.

Bäume einen Pfahl mitzusetzen. Die Pfahlgröße für einen Sämlingsbaum beträgt etwa 2,20 bis 2,40 m Länge (davon stecken etwa 40 cm im Erdreich) und etwa 10 cm Durchmesser, am Fuß des Pfahles gemessen. Ich habe bei meinen Pflanzungen imprägnierte Pfähle verwendet. Wenn deren Beschaffung aber zu aufwendig ist, nehmen Sie einfach einen Naturpfahl und kohlen Sie diesen unten auf etwa 50 cm an. Dabei hält man diesen Bereich in die Flamme, bis er an der Oberfläche angekohlt ist.

Für schwächer wachsende Bäume gelten andere Pfahl-Höhenmaße *über* dem Boden:
Halbstamm: etwa 1,40 bis 1,60 m mit etwa 8 cm Durchmesser. Wählen Sie den Pfahl nicht zu kurz.
Busch- und Spindelbaum: etwa 2,0 bis 2,40 m Länge (die Mitte wird über die ganze spätere Baumhöhe und über die ganze Lebenszeit des Baumes am Pfahl befestigt); der Pfahldurchmesser beträgt etwa 4 bis 6 cm.
Ballerinas können fast überall gepflanzt werden wo wenig Platz zur Verfügung steht, z. B. auf einem Balkon, an einem Gewächshaus. Wichtig ist nur, dass mindestens zwei Bäume gepflanzt werden, wenn keine weiteren Apfelbäume in der Nähe sind (um die Befruchtung sicherzustellen). Der Pflanzabstand kann zwischen 80 cm und 1,50 m gewählt werden.

Pflanzung von Beerenobst

Von einer Startdüngung würde ich abraten. Meine Erfahrung in den Hausgärten ist, dass die Böden in aller Regel überdüngt sind. Hier würde ich empfehlen:

- Bodenprobe entnehmen oder, wenn nicht möglich,
- erst im Folgejahr nach der Analyse von: Blattfarbe (gelbliche Verfärbungen), Vitalität des Busches (viel Jungholz oder neue Triebe), optisches Erscheinungsbild (schwach, kränklich), gezielt mit nicht übermäßiger Düngung beginnen.

Der Pflanzabstand beträgt bei den **Himbeeren,** die im Container herangezogen wurden, je nach persönlicher Vorstellung und Geldbeutel etwa 25 bis 40 cm. Bei **Brombeeren** können Pflanzabstände von 2,50 m bis 3,50 m eingehalten werden. Der Pflanzschnitt wird wie auf Seite 60 beschrieben (Wurzel- und Pflanzschnitt) durchgeführt.

Pflanzen Sie die Pflänzchen immer etwas tiefer ein als die Bodenebene. Als Empfehlung kann mit folgendem Wert gearbeitet werden:

- Himbeeren etwa 5 cm tiefer (Pflanze mit Erde bedeckt),
- Brombeere etwa 3 bis 5 cm tiefer.

Arbeitsablauf beim Pflanzen eines Obstbaumes.

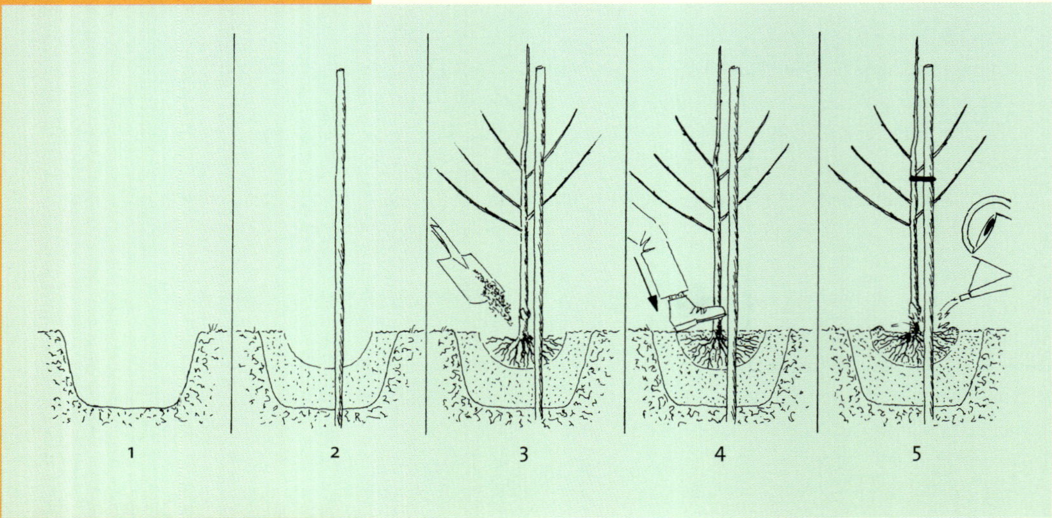

1. Pflanzgrube ausheben.
2. Lockere feinkrümelige Erde ca. 5 cm hoch in die Pflanzgrube einfüllen und mit Humus oder mit Komposterde den Ackerboden anreichern (Anteil etwa ein Drittel). Den Pfahl setzen.
3. Den Baum setzen und lockere Erde auffüllen. Die Veredelungsstelle muss mindestens 10 cm über den Boden herausragen.
4. Mit dem Stiefel die Erde leicht andrücken.
5. Gut angießen bzw. das Wurzelwerk mit Erde einschlämmen, damit sich keine großen Hohlräume bilden können, denn diese behindern die Wurzelbildung.

Die Pflanzgrube muss ausreichend breit und tief ausgehoben werden, bevor man feinkrümelige Erde auf den Grund gibt.

Die Veredelungsstelle sollte sich etwa 10 cm oberhalb der Bodenoberfläche befinden.

Nach dem Einsetzen wird das Ballentuch geöffnet. Es verbleibt in der Pflanzgrube und verrottet mit der Zeit.

Mindestmaße für die Pflanzgrube

Hochstamm: Länge/Breite etwa 70 cm,
Tiefe etwa 40 – 50 cm
Halbstamm: Länge/Breite etwa 50 cm,
Tiefe etwa 40 – 50 cm
Buschbaum: Länge/Breite etwa 40 cm,
Tiefe etwa 40 cm
Spindelbaum: Länge/Breite etwa 30 cm,
Tiefe etwa 30 cm

Der gepflanzte Baum wird ausgiebig gewässert.

So ist der Baum richtig mit einem Kokos- oder Hanfstrick am Pfahl angebunden.

Dieser Pfahl steht zu eng am Baum. Es besteht die Gefahr, dass der Pfahl an der Borke scheuert und Verletzungen hervorruft.

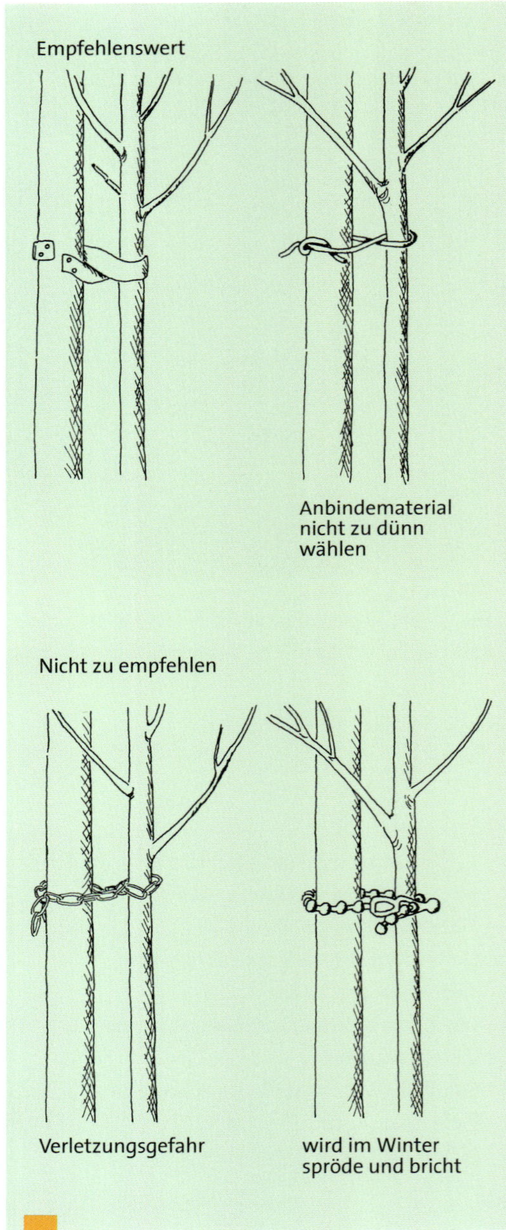

Anbindemöglichkeiten für einen Obstbaum.

Die Ruten der Himbeere und Brombeere werden bei der Pflanzung auf etwa 50 cm eingekürzt (abschneiden der Rute etwa 0,5 cm über dem letzten Blattaustrieb).

Als Pflanzabstand für die buschförmigen **Johannisbeeren, Stachelbeeren und Jostabeeren** sollte mindestens 1,50 m besser 1,80 m gewählt werden, damit Sie auch in fünf Jahren die Ernte noch von allen Seiten durchführen können. Für die Jostabeere empfiehlt sich ein Pflanzabstand von 2 m. Diese Beere wächst sehr stark in die Breite. Der große Abstand erleichtert später die Pflegearbeiten wie z. B. das Mähen. Für die Stachelbeere gelten die gleichen Abstandsmaße wie für die Johannisbeere. Die Verzweigungsstelle der Triebe sollte noch etwa 5 cm hoch mit Erde bedeckt sein.

Für die Beerenobstbäumchen beträgt der Pflanzabstand etwa 1,50 m. Bei den Stämmchen sollten Sie unbedingt einen Stützpfahl einbringen, sonst kann bei starken Winden die Krone oder Teile davon wegbrechen. Setzen Sie den Pfahl in die Nähe des Wurzelballens mit einem Abstand von 10 bis 15 cm zum Stamm. Der Pfahl hat idealerweise einen Durchmesser von 2 bis 3 cm und überragt das Bäumchen um etwa 20 bis 30 cm.

Pflanzung und Erziehung von Himbeeren am Draht.

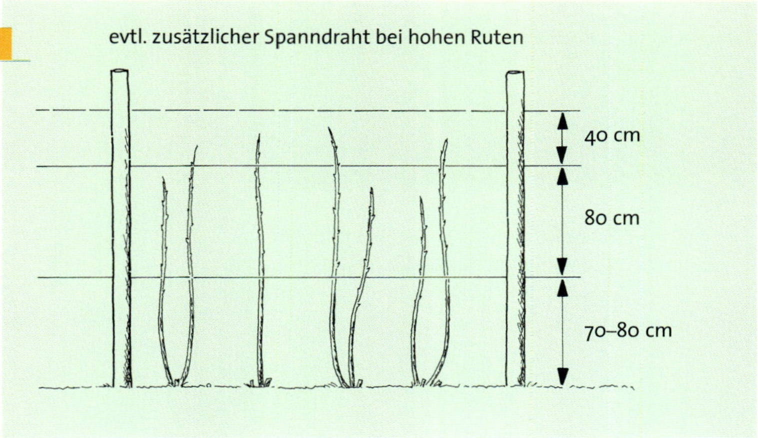

Erziehung von Brombeeren am Draht. Man verwendet 2 bis 3 mm starken, verzinkten oder kunststoffummantelten Draht.

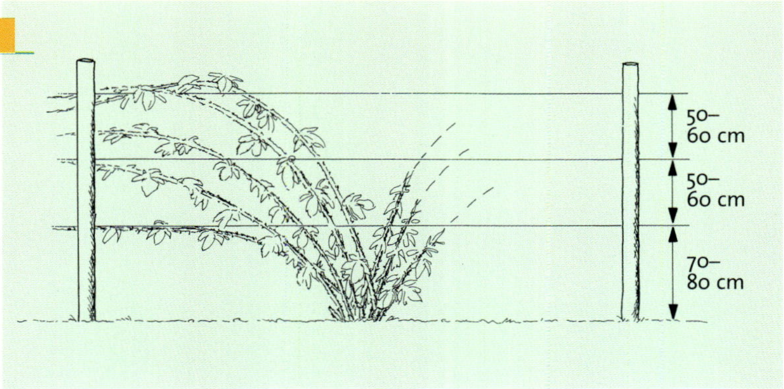

Die Aufsitzstange für Greifvögel bedeutet einen guten Schutz vor Schaden durch Nagetiere.

Für das Ziehen von **Johannisbeere und Stachelbeere am Draht** können die Pflanzabstände etwas geringer gewählt werden als bei den Büschen. Hier haben sich Abstände zwischen 1,20 m und maximal 1,50 m bewährt.

Himbeere am Draht. Die Himbeerruten oder im Topf herangezogene Pflanzen können im Abstand von 25 bis 40 cm gepflanzt werden.

Bei der **Brombeere am Draht** hat sich ein Pflanzabstand von mindestens 2 m oder mehr bewährt. Bei der Pflanzung empfehle ich Ihnen folgende Vorgehensweise: Sie schlagen drei Pfosten mit einer Höhe von etwa 1,80 m und einem Pfostenabstand von mindestens 2 m (besser mehr) ein. Der Pfostendurchmesser beträgt etwa 6 bis 8 cm. Der Brombeertrieb wird am *mittleren* Pfosten eingepflanzt. Im Laufe der Zeit werden die jungen Triebe nur auf eine Seite gelenkt. Im Sommer kommen dann die nachfolgenden Jungtriebe, diese werden dann auf das andere Feld gebunden. So hat man immer auf der einen Seite die Tragruten und auf der anderen Seite die Jungruten. Es erleichtert die Erntebedingungen.

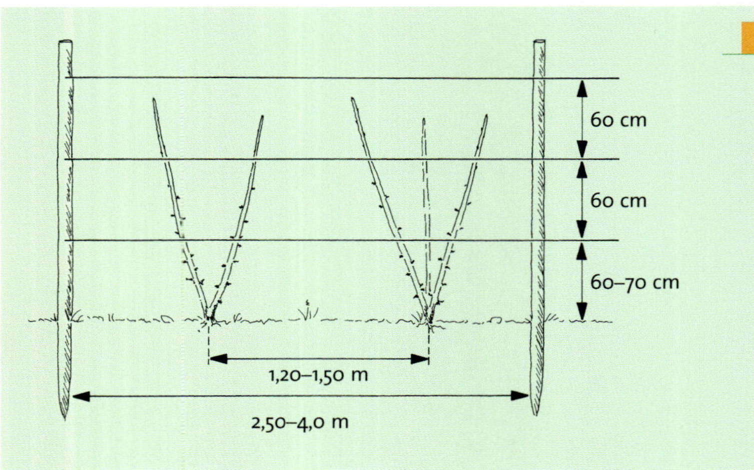

Erziehung von Johannisbeeren am Draht. Man zieht maximal zwei Triebe hoch. Der Durchmesser des Pfahls beträgt 6 bis 8 cm bei einer Länge von mindestens 2,40 m.

Zum integrierten Anbau gehören Nisthilfen für Nützlinge. In den Löchern des Altholzes nisten Wildbienen.

Sonstige Maßnahmen

Vogelsitze und Nistkästen

Nichts hilft so sehr wie eine Vielzahl von Nützlingen in der Nähe ihrer Baumwiese. Erleichtern Sie den Greifvögeln den Ansitz, indem Sie Ansitzhilfen anbieten.

Der Pfahl, der für den Ansitz vorgesehen ist, sollte höher sein als die anderen Baumpfähle. Greifvögel lieben es über der Sache zu sitzen. Auf diesen Pfahl befestigen Sie ein Querholz, etwa 15 cm lang und 2,5 bis 3 cm im Durchmesser. In aller Regel werden diese Ansitzhilfen angenommen.

Zum Thema „Nistkästen“ kann ich Ihnen nur empfehlen sich an die örtlichen Vogel- oder Naturschutzvereine zu wenden. Dort

Durch Frosteinwirkung entstanden Risse in der Rinde.

Der Kalkanstrich schützt im Winter vor übermäßigen Temperatur-Schwankungen und beugt dadurch Rindenrissen vor.

Links: Die Kunststoffspirale beugt Verbissschäden vor.
Rechts: Die Drahtummantelung schützt den Stamm vor nagenden Tieren.

berät man Sie gerne. In unserer Region habe ich gute Erfahrungen mit Meisen und Rotschwanz gemacht, aber auch der Haussperling machte sich ganz nützlich.

Baumschutz

Es gibt verschiedene Einflüsse die einem Baum schaden können:

- Klima, Witterung,
- Flechten (nur wenn der Baum sehr stark befallen ist),
- Fraßschaden durch Tiere.

Witterungseinflüsse wie z. B. Wind, Nässe, Frost, Hitze bzw. Wärme können einem Baum schon ganz schön zusetzen, wobei die meisten Schäden auf Frost, Wärme und Wind zurückzuführen sind. Diese Mixtur stellt sich vor allem im Spätwinter (Anfang Februar bis Mitte März) ein. Das typische Schadbild sind Rindenrisse oder Rindenabplatzungen. Diese Schäden schwächen den Baum für die bevorstehende Vegetationsperiode.

Um diesen Schäden vorzubeugen, besteht die Möglichkeit, dass Sie ihre Bäume im Herbst mit einer Kalkschlämme oder einem Fertigprodukt vom Grund bis zu den ersten Astverzweigungen einstreichen. Dieser Anstrich wirkt wie eine Schutzschicht gegen Wind, Feuchtigkeit, Wärme und Frost.

Aufgetragen wird der Anstrich Ende November bis Mitte Dezember bei frostfreiem Wetter.

Flechten verursachen grundsätzlich keinen Schaden. Dort wo sie massiv auftreten (am Stamm oder an Astpartien) kann nur lindernd eingegriffen werden. Dass die Obstqualität dadurch verschlechtert wird, lässt sich nicht bestätigen. Ich habe Bäume gesehen, an denen mit viel Mühe und Zeitaufwand die ganzen Flechten abgekratzt worden sind. Im diesem und im Folgejahr waren augenscheinlich keine Flechten mehr vorhanden. Im dritten Jahr sah man dann wieder die ersten Flechtenansätze. Und heute – fünf Jahre danach – sind die Bäume wieder stark mit Flechten befallen. Es gibt dafür sicherlich wissenschaftliche Erklärungen, jedenfalls sind bestimmte Umgebungsbedingungen für die Flechtenvermehrung ideal. Wer hier ein Problem sieht, kann sich bei den zuständigen regionalen Landratsämtern oder bei den Beratungsringen für Obstbau über eventuell mögliche Gegenmaßnahmen informieren.

Der Schaden, der durch **tierische Schädlinge** wie Wild (Hase, Rehe), Mäuse (Feldmäuse, Schermaus), Vögel verursacht wird, ist weitaus größer ist als landläufig angenommen. Eine Schermaus und deren Familienangehörige können durchaus einen gut entwickelten Halbstamm so schädigen, dass der Baum über lange Zeit kümmert oder im ungünstigsten Fall sogar eingeht. Der Schaden beschränkt sich in diesem Fall nicht nur auf den Baum, sondern auch auf den Ernteausfall über den gesamten Zeitraum, bis ein neu gepflanzter Baum den gleichen Ertrag bringt (und das kann leicht einen größeren Betrag ergeben).

Ähnlich verhält es sich bei Wildverbiss, da die dadurch verursachten Wunden den Baum deutlich schwächen und wieder zum Totalausfall führen können. Die Vögel schädigen in aller Regel nur die Früchte (z. B. Kirschen durch Stare). Also lohnt es sich schon, hier ein besonderes Augenmerk auf den Baumschutz zu richten.

Als Schutzmaßnahmen empfehlen sich:

- Gegen **Wildverbiss** sollte der Baum großzügig mit Drahtrosetten geschützt werden und zwar bis zur einer Höhe von etwa 1,50 m (ein Reh kann, wenn es Hunger hat, den Hals ganz schön weit strecken).
- Gegen **Hasenverbiss** kann der Baum mit Kunststoffspiralen, Drahtrosetten, Schutzanstrich oder Schutzzaun (Abbildungen) geschützt werden. Es gibt auch hier Spezialrezepte: angefangen bei mit Dieselkraftstoff getränkten Lappen, die in Bäume gehängt werden, bis hin zu Tinkturen, mit denen der Baum oder Tücher angesprüht werden. Bevor Sie dafür viel Geld ausgeben, erkundigen Sie sich bei den fachlich kompetenten Stellen (Obst- und Gartenbauvereine, Fachwarte, Grünlandberatungsstellen usw.) nach geeigneten Schutzmaßnahmen oder vorliegenden Erfahrungen.
- Gegen **Mäuse**, hier vor allem die Schermaus, kann ich nur regelmäßiges Begehen des Grundstücks empfehlen. Als geeignet für die Bekämpfung der Wühl- oder Schermaus sehe ich an:
  - die verschiedenen Fallenarten (z. B. Draht- oder Bügelfalle),
  - Gaskugeln (vor allem im Winter, wenn man wegen dem hartgefrorenen Boden keine Fallen einbringen kann).

Außerdem empfiehlt es sich, gleich den Wurzelballen des Baumes in einen Drahtkorb zu pflanzen. Damit ist gewährleistet, dass der Baum zumindest in der Anfangsphase keinem Wurzelfraß durch Mäuse ausgesetzt ist.

Als sinnvolle Abwehrmaßnahme gegen Vögel helfen nur Netze (bei Kirschen), die über die Bäume gespannt werden. Hier gibt die Baumgröße die wirtschaftlichen Grenzen vor, d. h. nur bei kleinkronigen Bäumen lohnt sich das Überspannen mit einem Netz.

Pflanzsysteme

Wenn Sie vorhaben, ein Grundstück zu bepflanzen, so können Sie sich zwischen verschiedenen Pflanzsystemen, die den Flächenbedarf, den Pflegeaufwand, den Nutzen und das Erscheinungsbild berücksichtigen, entscheiden.

Pflanzabstände bei Steinobst

Süß- und Sauerkirschen (auf schwach wachsender Unterlage)	
Reihenabstand	etwa 4 – 5 m
Baumabstand	etwa 2 – 3 m
Pflaume oder Zwetschge (auf schwach wachsender Unterlage)	
Reihenabstand	etwa 4 m
Baumabstand	etwa 2,50 – 3 m

Die kleine Obstanlage setzt sich aus Spindelbäumen zusammen.

Zunächst beschäftigen wir uns mit den Möglichkeiten, die für das Kern- bzw. Steinobst in Frage kommen, im Anschluss daran werden die verschiedenen Beerenobstanpflanzungen betrachtet.

Kern- und Steinobst

Eine **Hochstamm-Anpflanzung** sollte keine geometrisch genau abgemessene Pflanzanordnung bekommen. Diese prächtigen Bäume wirken für sich, und in der freien Landschaft gibt es auch keine exakte Regelmäßigkeit. Pflanzen Sie Hochstämme frei und unregelmäßig an. Berücksichtigen Sie dabei aber die Pflanzabstände (mindestens 12 m Abstand zwischen den Bäumen).

Bei den **Halbstämmen** stehen wirtschaftliche Gesichtspunkte schon mehr im Vordergrund. Hier möchte man mit dem Traktor, der Mähmaschine bzw. dem Auto hindurch fahren können, um die Pflege und Ernte durchzuführen. Es empfiehlt sich eine Pflanzung der Bäume in Reihe, unter Berücksichtigung der Pflanz- und Grenzabstände. Der Pflanzabstand beträgt mindestens 8 m und der Reihenabstand sollte nicht unter 10 m gewählt werden. Eine Nord-Süd-Ausrichtung ist zu bevorzugen, aber auch eine Ost-West-Ausrichtung ist akzeptabel.

Bei den **Busch- und Spindelbäumen** (Kernobst) können Sie sich zwischen zwei verschiedenen Formen der Pflanzung entscheiden (es gibt auch noch weitere Anordnungsformen, die sind aber für den Hobbygärtner uninteressant):

- Rechteck oder Reihenpflanzung,
- Dreieckpflanzung oder Doppelreihenpflanzung.

Welche Form gewählt wird, hängt davon ab, ob die Anlage nur als Hobby oder im Nebenerwerb betrieben wird. Für den Hobbyisten empfehle ich die Reihenpflanzung. Sie ist einfach durchführbar und führt zu guten Obstqualitäten. Es gelten die auf der vorigen Seite genannten Abstandsverhältnisse.

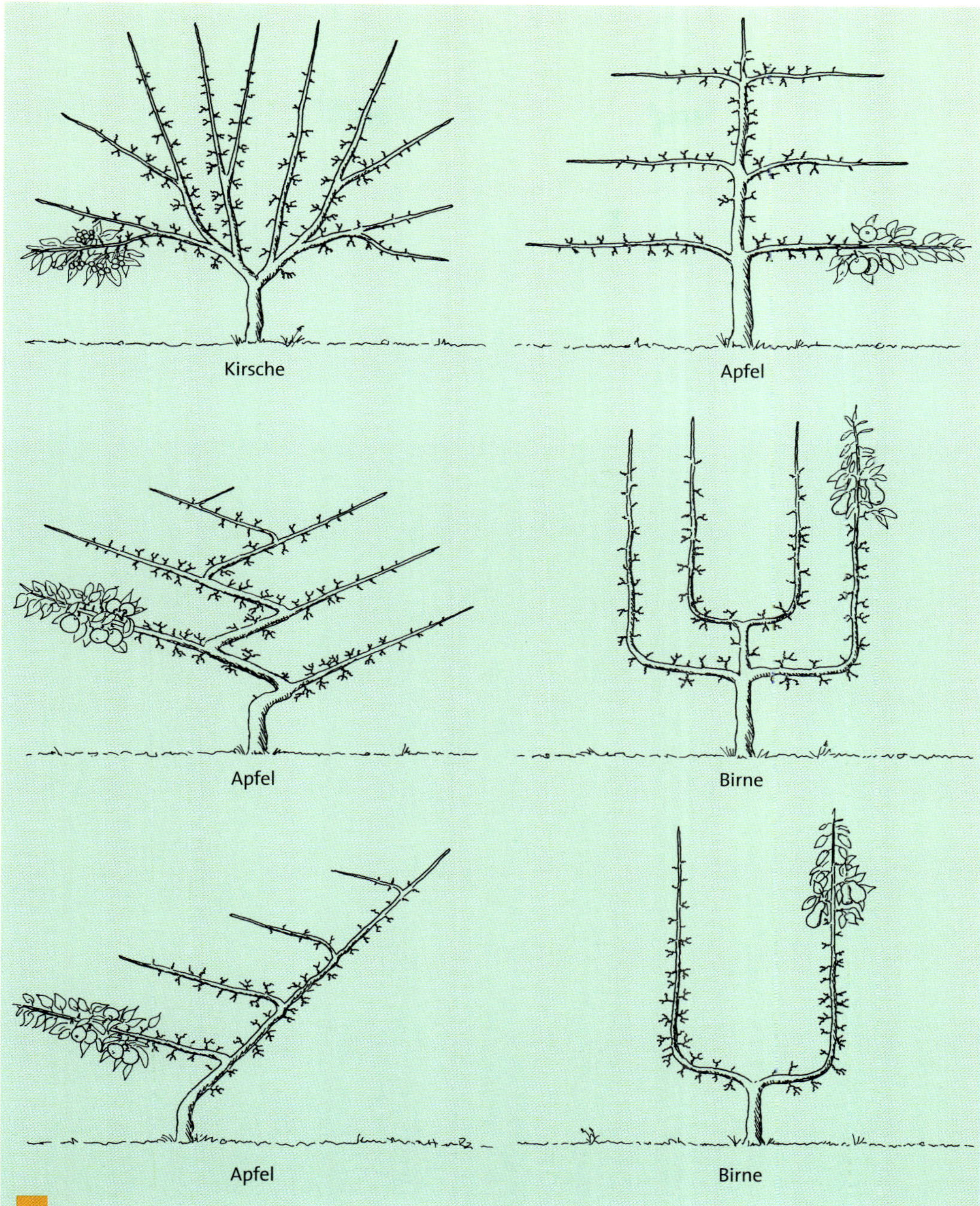

Verschiedene Formen für die Erziehung von Spalierobst.

Aber auch in der privaten Kleinanlage sollte man – sofern es die Grundstücksverhältnisse zulassen – eine Nord-Süd-Ausrichtung wählen.

Sollten Sie höhere Ansprüche in Bezug auf die Wirtschaftlichkeit (Aufwand zu Ertrag und Qualität) haben, so können Sie die Pflanzabstände verringern. Sofern Sie aber mit Traktoren arbeiten, sind andere Reihenabstände notwendig. Die Arbeitsgasse sollte nicht kleiner als 1,50 m sein, das erfordert einen Reihenabstand von mindestens 4,50 m (bei Bäumen auf M9-Unterlagen). Bei stärker wachsenden Bäumen vergrößert sich dieses Maß dementsprechend. Hier empfehle ich aber, sich bei den entsprechenden Institutionen (Landratsämter, Obstbauringe) Fachinformation einzuholen.

In Doppelreihe sollte man übrigens nur bei sehr schmalen Grundstücken pflanzen; sie bringt keine nennenswerten Vorteile gegenüber der Reihenpflanzung.

Spaliere

Gerade die schwach wachsenden Bäume ermutigen den Besitzer auch zu anderen Form-

Spalierobst (hier eine Birne) braucht nicht viel Platz, verlangt aber korrekten und regelmäßigen Schnitt.

Die wichtigsten Abmessungen für die Himbeer- und Brombeerkultur

Pfostenhöhe über dem Erdreich	etwa 1,80 bis 2,20 m
Pfostendurchmesser	etwa 6 – 8 cm
Pfostenabstand (je nach örtlichen Verhältnissen)	
Himbeere	2,50 – 3,50 m
Brombeere	3 – 5 m
Reihenabstand	mindestens 2 m
Drahtdurchmesser	zwischen 1,5 und 2,5 mm

schnitten. Vorgezogene Spalierbäume können in wenigen Baumschulen bezogen werden, oder Sie wählen einen Jungbaum aus, den Sie selber erziehen wollen. Eine kleine Auswahl von Spalierformen soll Ihnen zeigen, wie mit Fantasie und etwas Mut Formen entstehen, die einfach schön sind. Suchen Sie sich das Beste aus, was für Ihren Garten in Frage kommt und beginnen Sie.

Es erfordert allerdings ein gewisses Maß an Schnitterfahrung, damit der Baum in der gewünschten Form bleibt bzw. damit der Baum erst einmal in die gewünschte Form gebracht werden kann. Wenn Sie noch keine Erfahrung haben, empfehle ich Ihnen mit einem ganz normalen Buschbaum anzufangen. Das Prinzip ist relativ einfach. An einem Gerüst (Draht, Gatter usw.) werden die einjährigen Triebe, die benötigt werden, in Form gebracht. Diese Maßnahmen werden idealerweise zwischen Mai und September durchgeführt. Störende Verzweigungen werden abgeschnitten. Bitte den Radius bei der Richtungsänderung nicht zu eng wählen (Gefahr des Abknickens!), sondern in einem weichen Bogen die Richtungsänderung einleiten. So verfahren Sie Jahr um Jahr. Spätestens im dritten Jahr ist die Grundform fertig.

Es gibt allerdings auch fertige Spalierbäume in den Baumschulen, diese sind zwischen fünf und acht Jahre alt und besitzen eine ausgereifte Form. Allerdings sind sie nicht ganz billig.

Aber auch im kleinen Hausgarten gibt es genügend Plätze für das Anpflanzen von schwach wachsenden Bäumen, die zu Spalieren herangebildet werden können. Wenn Sie z. B. neu gebaut haben, passen an die Garagenwand sicherlich drei Apfelbäume, oder als Einfriedung wird eine Apfelbaumhecke statt *Thuja* gewählt. Gestaltungsmöglichkeiten gibt es viele.

Beerenobst

Die Himbeere wie die Brombeere sind Flachwurzler und brauchen für ihre Standfestigkeit immer ein Spalier- oder Drahtgerüst.

Für eine Himbeerkultur können Sie ein Drahtgerüst nach folgenden Maßen aufbauen:

Der angegebene weite Pfostenabstand empfiehlt sich allein schon deshalb, um Probleme bei den Pflegearbeiten, z. B. dem Mähen, zu vermeiden.

Sie können die Drahtgerüste auch für Stachelbeeren, Johannisbeeren und evtl. für Jostabeeren verwenden. Für Stachelbeeren sind allerdings vier bis fünf Spanndrähte im Abstand von etwa 35 bis 40 cm notwendig (erster Draht etwa 40 cm über dem Boden).

Schnittmaßnahmen

Warum sollen Bäume überhaupt geschnitten werden? In der Vergangenheit wurden Obstbäume überwiegend sich selbst überlassen. In der heutigen Zeit, mit dem hohen Anspruch an Qualität und Güte der Früchte, ist dieser Weg nicht mehr gangbar. Es wurde nach geeigneten Möglichkeiten gesucht, um Menge, Ertrag und Qualität der Früchte zu steigern. Die Lösung war – neben geeigneten Pflanzenschutzmaßnahmen – der Schnitt am Baum.

Der Schnitt bedeutet für jeden Obstbaum oder Strauch eine Wuchsanregung. Mit dem Schneiden von Bäumen oder Sträuchern beeinflussen Sie Kronenaufbau, Gesundheit, Erntemenge und Qualität von Baum und Frucht. Je nach Intensität wird im Folgejahr mehr oder weniger Frucht- oder Jungholz gebildet. Schneiden Sie mit Gefühl und Augenmaß. Vermeiden Sie Radikalschnitte (Prinzip Rasenmäher z. B. alles, was nach oben wächst, wird weggeschnitten). Lassen Sie Kurzholz (bis 5 cm lang) und Spieße (bis 15 cm lang) sowie Kurztriebe (bis 50 cm bei Hoch- und Halbstämmen, 30 cm bei Viertelstamm, Spindelbusch und Spindel) einfach stehen: sie stören nicht und Sie können sich auf die Langtriebe konzentrieren.

Über den ganzen Lebenszyklus betrachtet können die Schnittmaßnahmen in die unten genannten Kategorien eingeteilt werden.

Schnitt-Technik

Wie man einen Baum gut und richtig schneidet, lernt man erst durch jahrelange Erfahrung. **Schnitt auf Astring**. Darunter versteht man das Zurückschneiden des Astes bis zum Stamm oder der Abzweigungsstelle. Bei einem fast bündigen Schnitt bilden sich in aller Regel keine Neutriebe.

Schnittkategorien

Pflanzung:
Neu gepflanzte Bäume bekommen ihr erstes Gerüst.

Erziehung:
Förderung der Triebbildung. Junge Bäume werden in die geeignete Form gebracht.

Auslichtung:
Kronenaufbau einleiten. Äste, Astverlauf und -stärke werden korrigiert.

Verjüngung:
Gesundheit und Form des Baumes erhalten. Alterung verlangsamen, Neuaustrieb fördern.

Sicherheit:
Kranke, beschädigte Äste entfernen. Alte Bäume komplett entfernen.

So sieht der korrekt ausgeführte Schnitt auf Astring aus.

Der Schnitt am Trieb muss dicht am Ast erfolgen. Von welcher Seite man am besten schneidet, muss man ausprobieren.

Beim Schnitt auf Zapfen bleibt ein etwa 10 cm langes Aststück stehen.

Beim Rückschnitt eines starken Astes (Astdurchmesser größer 8 cm) auf einen anderen Ast schneidet man besser nicht bündig zurück, sondern lässt eine kleine Erhebung (etwa 1 bis 2 cm) stehen. Damit wird die Austrocknung ins gesunde Holz vermieden.

Schnitt am Trieb. Eine kleine Regel sollen Sie beim Arbeiten am Baum berücksichtigen: einjähriges Holz wird *nicht* angeschnitten.

Für die Durchführung der Arbeit sollten Sie gutes und scharfes Werkzeug zur Verfügung haben. Der zu schneidende Asttrieb wird in einem sauberen Schnitt (ohne Ausfransungen) senkrecht zur Triebmittelachse angeschnitten. Andere Autoren empfehlen eine Schnittachse von 60 Grad. Ich habe beide Methoden angewendet, und es ließen sich keine gravierenden Nachteile bei der einen oder anderen Variante feststellen. Wichtig für Sie ist nur, dass der Schnitt sauber durchgeführt wird. Sollte es Ihnen am Anfang nicht so gut gelingen, nehmen Sie ein scharfes Messer und schneiden Sie damit die Schnittfläche glatt.

Der **Zapfenschnitt** (Schnitt auf Zapfen) wird bei Kern- und Steinobst angewendet, wenn der Ast zwar stört, aber Austrieb in diesem Bereich gewünscht wird. Durch diese Schnittmaßnahme kann man Verkahlungen im Bereich der Stamm-Mitte entgegenwirken. Die Durchführung erfolgt durch einen Schnitt knapp oberhalb der sichtbaren Knospe. Als Zapfenlänge wählt man eine Länge von mindestens 5 bis 15 cm. Mit Beginn der Vegetationsphase erfolgt hier in aller Regel der Austrieb.

Der **Schnitt auf Auge** wird angewendet, um den zukünftigen Triebverlauf beeinflussen zu können. Bei einem Schnitt kurz oberhalb des Auges oder der Knospe treibt diese in der bevorstehenden Vegetationsperiode aus.

Der Schnitt auf Auge wird 1 cm über dem Auge geführt.

Ein Wundverschluss mit Baumwachs schützt vor Krankheitserregern. Hier wurde versäumt, die Schnittstelle am linken Rand ordentlich zu glätten.

Für Formierungsarbeiten (z.B. Spalier) ist diese Vorgehensweise sehr interessant. Schneidet man z. B. auf ein nach außen gerichtetes Auge, setzt an dieser Stelle Austrieb ein und man erreicht im Laufe der Zeit einen weit ausladenden Kronenaufbau.

Einen **Schnitt am Ast** können Sie bis etwa 2,0 cm Astdurchmesser mit einer Handschere durchführen. Mit einer Astschere bewältigen Sie Astdurchmesser bis etwa 4,5 cm. Für stärkere Äste empfehle ich eine Astbügelsäge. Kettensägen im Baum sind nur durch den geübten Fachmann mit entsprechender Schutzausrüstung (Augen-, Hand- und Gehörschutz sowie Schutzkleidung) auszuführen. Eine Kettensäge kann sehr gefährliche Verletzungen verursachen. Bei all meinen Arbeiten im Baum kam ich mit einer großen Astschere und einer Bügelsäge gut zurecht. Äste bis 15 cm Durchmesser sind damit auch kein Problem. Die Arbeit mit der Bügelsäge kostet zwar etwas mehr Schweiß, Zeit und Kraft, ist aber gegenüber einer Kettensäge für den Hobbybaumwart viel sicherer. Schneiden Sie längere, stärkerer Äste in Etappen zurück. Erstens geht es leichter und ist nicht so gefährlich für Mensch und Baum, zweitens vermeiden Sie dadurch, dass größere Rindenpartien vom Stamm herausgeschält werden. Dabei nicht vergessen: den zu entfernenden Ast an der Unterseite in Schnittebene etwa 2 cm einsägen.

Schnittmaßnahmen in der Altersentwicklung eines Baumes

Der Obstbaum durchlebt in aller Regel die folgenden Entwicklungsphasen:

Jugendphase

Der Baum setzt seinen Schwerpunkt auf die Triebbildung. In dieser Phase kann das Aus-

Im Jugendstadium werden die Weichen für die weitere Baumentwicklung gestellt.

Der Apfelbaum hat die Schwelle zur Altersphase überschritten.

sehen des Baumes entscheidend geprägt werden. Für Sie bedeutet das, dass Sie sorgfältig, gezielt und vorausschauend geeignete Schnittmaßnahmen durchführen sollten, die zu einem guten Kronenaufbau führen. In keiner anderen Phase können Sie aber auch mehr Fehler machen als in dieser. Vermeiden Sie Schnittfehler, wie sie ab Seite 65 aufgeführt sind, und Sie werden viel Freude und Befriedigung an Ihrem Tun haben.

Die Jugendphase ist bei den Bäumen abhängig von der betreffenden Unterlage. Das sollte bei den Schnittmaßnahmen berücksichtigt werden. So hat ein Sämling mit sechs Jahren seine Jugendphase noch nicht abgeschlossen, während bei der schlanken Spindel mit Beginn des dritten Standjahres schon die Ertragsphase eingeleitet wird. Als Regel kann daraus abgeleitet werden: Je schwächer die Unterlage desto kürzer sind die Entwicklungsphasen bzw. desto früher setzen die verschiedenen anderen Phasen ein.

Schnittarten

Man unterscheidet zwischen:

- **Pflanzschnitt**
- **Erziehungsschnitt**
- **Auslichtungs- und Erhaltungsschnitt**
- **Verjüngungsschnitt**

Diese Schnittarten kommen je nach Alter bei den Wuchsformen Hochstamm, Halbstamm, Viertelstamm evtl. noch beim Buschbaum zum Einsatz.

Ertragsphase

Der Kronenaufbau ist abgeschlossen. Die drei oder vier Leitäste haben schöne nach oben verlaufende Züge und es haben sich vermehrt Jungholz und Fruchtspieße gebildet,

Fruchtqualität und -menge stehen in einem guten Verhältnis zum Baumvolumen. Der Kronenaufbau wird weiter überwacht. Durch zielgerichtetes Auslichten und maßvolles Entfernen wird die Vitalität des Baumes erhalten.

Altersphase
Sie zeichnet sich beim Baum dadurch aus, dass der Triebzuwachs nachlässt und vermehrt abgetragenes Fruchtholz (Quirlholz) sichtbar wird, auch sind vermehrt Kahlstellen vorzufinden. Die Fruchtmenge und die Fruchtqualität gehen zurück; der Baum kommt „in die Jahre".

Was kann man tun? Grundsätzlich braucht ein Obstbaum immer, d. h. jedes Jahr, Pflege. Umgesetzt bedeutet dies: Man muss rechtzeitig mit den Schnittmaßnahmen zur Verjüngung beginnen, um die Altersphase hinauszuschieben bzw. verzögern zu können.

Die einzelnen Maßnahmen sind im Folgenden näher beschrieben.

Schnitt beim Kernobst, Hochstamm bis Viertelstamm

Die folgenden Ausführungen gelten in erster Linie für den Apfel.

Pflanzschnitt
Der Baum ist eingepflanzt, die vorhandene Veredelungsstelle befindet sich mindestens 10 cm über dem Boden. Die Erde ist leicht

Vor allem im erwerbsmäßigen Obstanbau werden Obstgehölze als schlanke Spindel erzogen.

Pflanzschnitt an einem Apfelbaum: Die Krone baut sich aus dem längeren Leittrieb und drei in gleicher Höhe geschnittenen Seitenästen auf.

angedrückt und der Baum wurde angegossen. Wenn das alles abgeschlossen ist, wenden wir uns dem Baum, wie er aus der Baumschule gekauft worden ist, zu. Entscheiden Sie sich für drei, maximal vier Leitäste: Es sind die wichtigsten Äste für den Kronenaufbau. Idealerweise wachsen die Leitäste stern- oder kreuzförmig aus dem Baum heraus. Der Kasten unten erklärt, wie Sie am besten vorgehen, um eine Rundkrone aufzubauen.

Nicht immer gibt es den idealen Baum zu kaufen. Aber auch die Problemfälle können Sie meistern. Die Fallbeispiele auf Seite 52 und 53 sollen Ihnen mehr Sicherheit für die richtigen Schnittmaßnahmen geben. Im Abschnitt „Schnittfehler und Schnittmaßnahmen" stelle ich Ihnen ab Seite 65 noch weitere bebilderte Fälle für alle Altersphasen vor.

Erziehungsschnitt

Dieser Abschnitt beschreibt den Erziehungsschnitt, wie man ihn für den Sämlingsbaum bis zum Halbstamm und in Grenzen auch noch für den Viertelstamm anwenden kann. Die Ansprüche beim Erziehungsschnitt sind höher als beim Pflanz-, Auslichtungs- und Erhaltungsschnitt. Sie müssen beim Schneiden schon im Voraus wissen, was ihr Ziel ist, bitte nicht einfach darauf losschneiden und schon gar nicht am Baum herumschnippeln.

Ich empfehle Ihnen folgende standardisierte Vorgehensweise, die jeder selbstverständlich nach seinen/ihren eigenen Erfahrungen erweitern kann. Stellen Sie sich die Frage: Wie soll der Baum in fünf Jahren aussehen?

Eine schöne, ausladende Krone (Rundkrone), lässt sich wie rechts oben beschrieben aufbauen:

Vorgehensweise für den Aufbau einer Rundkrone

1. Leitäste in 45-Grad-Position bringen (absprießen, Gewichte, herunter- bzw. hochbinden).
2. Einkürzen der Leitäste um ein Drittel auf ein außenliegendes Auge. Die Schnittebene aller Leitäste sollte in etwa auf der gleichen Höhe liegen.
3. Konkurrenztrieb entfernen. Darunter versteht man die Abzweigung eines Triebes im oberen Teil der Stamm-Mitte. Er wächst ebenfalls steil nach oben und macht der Mitte Konkurrenz.
4. Einkürzen der Stamm-Mitte auf ein Auge, das etwa zwei Hand breit über der Schnittebene der Leitäste liegt. Geometrisch ausgedrückt: der Spitzenwinkel nimmt ungefähr einen Winkel von 120 Grad ein.

Erziehungsschnitt für den Aufbau einer Rundkrone

1. Jährlich die Stellung der Leitäste (45 Grad oder geringfügig flacher) überprüfen. Zu steile Stellung vermeiden.
2. Der Mitteltrieb wird, je nach Stärke, 60 bis 80 cm über den letzten Seitenästen zurückgenommen. Die Seitenäste werden eingekürzt. (Für einen offenen Kronenaufbau den Schnitt über einem nach außen gerichteten Auge durchführen.) Saftwaage (= Einkürzen der Äste auf die gleiche Höhenebene) dabei beachten!
3. Die Stamm-Mitte nicht zu hoch anschneiden. Bei zu hohem Anschneiden bilden sich zu wenig Frucht- oder Seitenäste.
4. Äste, deren Verlauf zu steil oder zu flach ist, werden in die gewünschte Richtung gebunden.
5. Langtriebe, die senkrecht nach oben oder unten wachsen, sind auf Astring zurückzuschneiden.
6. Alle Schnittmaßnahmen stets so ausrichten, dass Licht in das Bauminnere fällt.

Bevorzugen Sie eine mehr pyramidenförmige Baumform, so schneiden Sie die oberen Astpartien etwas stärker zurück. (Üblich ist dies bei der Spindel, eventuell auch bei Buschbäumen.)

Auslichtungsschnitt

Unter dem Auslichtungsschnitt versteht man Schnittmaßnahmen, die nicht in der kalten Jahreszeit (Dezember bis März), sondern in den Monaten Juli bis Mitte August durchgeführt werden. Der Hintergrund dieser Aktion ist das Entfernen von Trieben, die durch ihre Lage bzw. Stellung den Lichteinfall behindern. Ferner kommen beim Wegschnitt die Nährstoffe anderen Bereichen des Baumes zugute. Dies führt zu einer guten Astentwicklung und Fruchtausbildung. In diesem Jahresabschnitt haben die jungen grünen Triebe

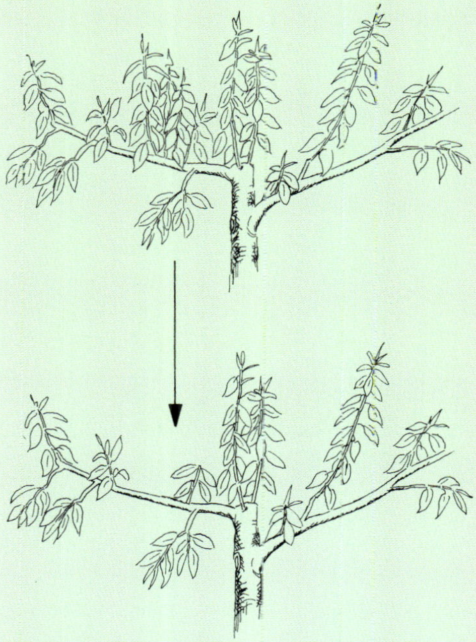

Überflüssige, noch nicht verholzte Sommertriebe lassen sich leicht ausbrechen. Der behandelte Ast sollte aber danach keine Verkahlung aufweisen.

Allgemeine Schnittregel

Kernobst (Apfel, Birne) wird um etwa ein Drittel zurückgeschnitten. Steinobst (Kirsche, Zwetschge) wird um etwa zwei Drittel zurückgeschnitten.

Problemfälle für den Pflanzschnitt

1 Steile Äste

Stand	Maßnahme
Äste zu steil und Anordnung ungleichförmig	Verlauf der Äste mit Gewicht, Sprieß, Bodenbefestigung in 45-Grad-Stellung - bringen.

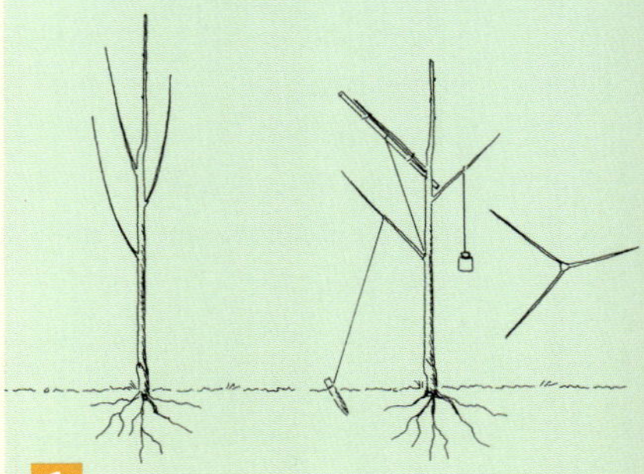

1

2 Schwache Seitentriebe

Stand	Maßnahme
Kurze Seitentriebe (bis 15 cm). Die Abgänge aus der Mitte liegen sehr dicht zueinander	Wenn die Seitentriebe nicht länger als 15 cm sind, werden sie entfernt und die Mitte in Stammhöhe +20 cm angeschnitten. In der nächsten Vegetationsperiode treibt der Baum Seitenäste, die dann zum Aufbau benützt werden können. Sind die Seitenäste zwischen 15 cm und 25 cm lang, kann man sie unter Vorbehalt belassen. Die Seitentriebe werden auf ein außenliegendes Auge angeschnitten und in Form gebracht (45-Grad-Stellung, Stern- oder Kreuzdicht anordnung).

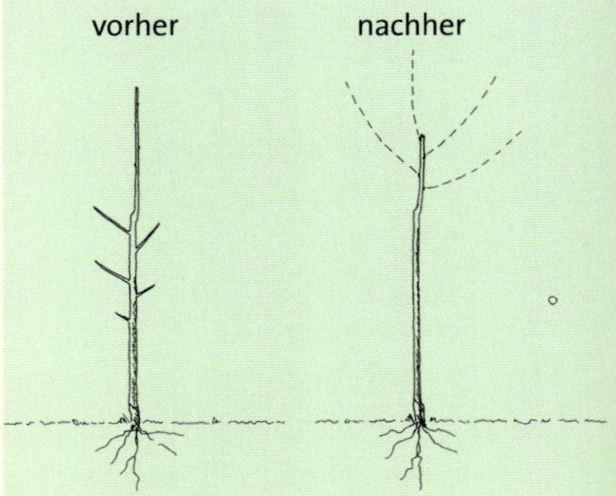

2

3 Viele Seitenäste

Stand	Maßnahme
Sehr viele in ihrem Verlauf unregelmäßige Seitentriebe über die ganze Stammlänge verteilt	Suchen Sie sich die drei oder vier schönsten Seitenabgänge heraus. Sie sollten idealerweise einen Abstand von mindestens 5 cm zueinander haben. Der Rest wird entfernt.

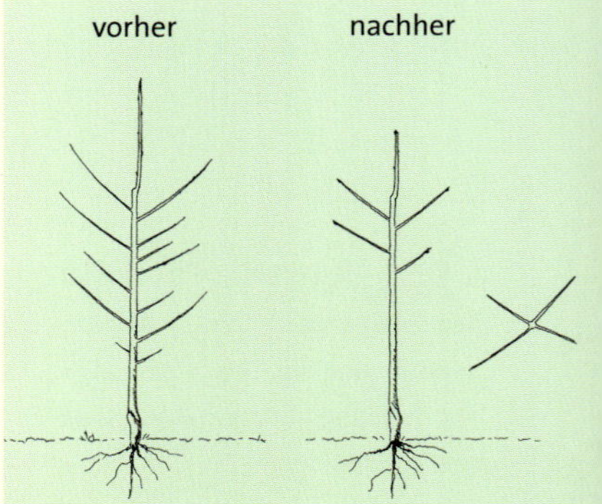

3

Problemfälle für den Pflanzschnitt

4 Lange Seitenäste

Stand	Maßnahme
Der gekaufte Baum hat sehr lange Seitenäste	Schneiden Sie alle drei Äste auf etwa der gleichen Höhenebene um etwa ein Drittel zurück. Legen Sie den Schnitt knapp über ein nach außen gerichtetes Auge. Wenn Sie das abgeschlossen haben, schneiden Sie die Mitte etwa zwei Handbreit über der Höhenebene der Seitenäste an. An der Spitze sollte sich ungefähr ein Winkel von 120 Grad einstellen.

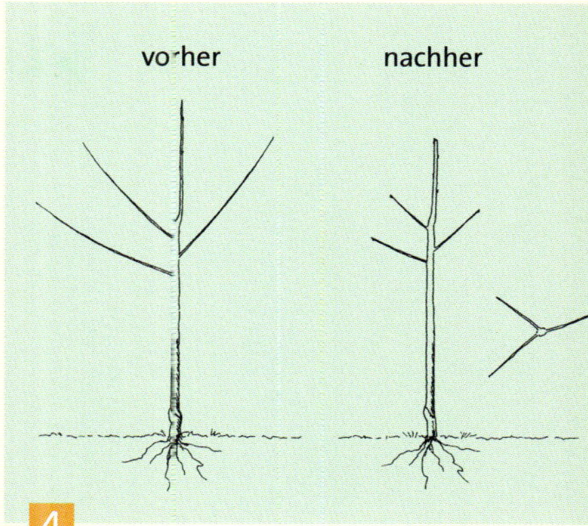

4

5 Kleine Seitenäste

Stand	Maßnahme
Sie haben einen Baum gekauft, der nur aus der Mitte besteht	Mitte in der Höhe der gewünschten Stammhöhe + 20 cm knapp über dem Auge anschneiden.

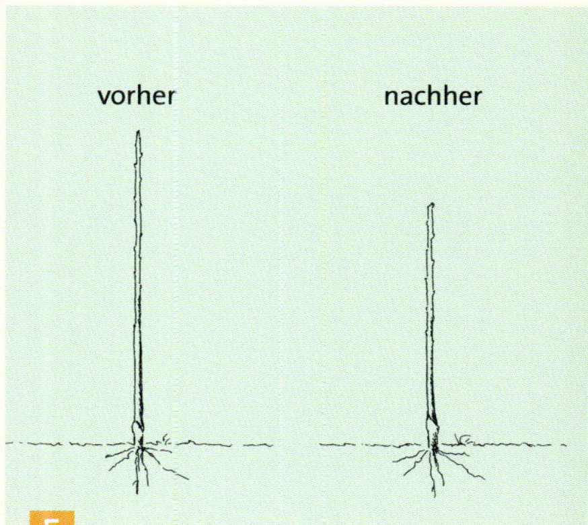

5

Empfehlung:

Verlangen Sie in der Baumschule einen schön garnierten Baum. Ein Bäumchen, das nur aus der Mittelachse besteht, ist nicht üblich. Diese Bäume sind speziell für den Erwerbsobstbau vorgesehen.

Der Baum erfuhr schon seit längerer Zeit keine Schnittmaßnahme mehr.

Der gleiche Baum nach einem drastischen Verjüngungsschnitt.

Dieser Baum hat nach einem radikalen Rückschnitt besonders viele steil nach oben stehende Langtriebe gebildet. Sie sind zum größten Teil zu entfernen.

eine Länge von mindestens 20 cm erreicht und können leicht mit der Hand ausgerissen werden. Probieren Sie es ruhig: die auf den ersten Blick groß erscheinende Wunde heilt schnell und sicher zu. Der Baum steht in dieser Zeit voll im Saft und die Selbstheilungskräfte sind enorm. Aber selbstverständlich können Sie ebenso auf ihre Schere zurückgreifen.

Verjüngungsschnitt

Das Jugendstadium des Baumes ist abgeschlossen. Das Alter des Baumes beträgt je nach Unterlage

- Hochstamm etwa 40 bis 60 Jahre,
- Halbstamm etwa 20 bis 35 Jahre,
- Viertelstamm etwa 15 bis 25 Jahre.

Der oder die Bäume sind vielleicht auch längere Zeit sich selbst überlassen gewesen und zeichnen sich aus durch:

- unkontrolliertes Wachstum,
- sichtbare Verkahlungen im Bereich der Stamm-Mitte,
- störende oder verletzte Astpartien,
- schlechte Fruchtqualität und -menge,
- sichtbare Vergreisungen.

Dann ist es höchste Zeit, dass Sie regulierend eingreifen. Ihre Schnittmaßnahmen müssen den Baum zur Bildung von jungen Trieben (Fruchtholz) anregen. Zusätzlich ist es notwendig, dass Sie zielgerichtet störendes, behinderndes sowie krankes Holz entfernen. Ziel ist immer ein besserer Lichteinfall in den Baum. Voraussetzung für diese Aktion stellt ein augenscheinlich gesunder Baum dar. Er sollte keine massiven Schäden aufweisen wie

- Blitzschäden, Schlitzastschäden, massiven Astbruch,
- großflächige Rindenschäden, z. B. Rindenrisse oder Ablösung,
- starken Schädlingsbefall, z. B. Blausieb, Apfelglasflügler oder Holzbohrer,
- sichtbaren Pilzbefall, z. B. durch Hallimasch oder Schillerporling.

Bei kranken Bäumen lohnt sich der Aufwand nicht, es sei denn es sind Sicherungsmaßnahmen notwendig. Sind die Bäume aber gesund, hindert Sie nichts daran, zur Tat zu schreiten. Gehen Sie bei seit längerer Zeit nicht geschnittenen Bäumen zuerst nur mit einer gute Säge und einer großen Astschere auf die Wiese, mehr brauchen Sie für diese Arbeit am Anfang nicht. Wenn Sie mit der groben Arbeit fertig sind, können Sie die folgende Feinarbeit dann mit der kleinen Astschere erledigen.

Schnitt beim Steinobst

In Bezug auf den Pflanzschnitt gilt für den Anschnitt der Wurzeln und der oberen Pflanzenteile das bereits auf Seite 29 (Foto) bzw. 50 Gesagte. Es ergeben sich nur einige der im Folgenden behandelten Abweichungen. Was den Erziehungsschnitt betrifft, können Sie sich grundsätzlich an den Aussagen zum Kernobst auf Seite 50 und 51 orientieren. Die Besonderheiten von Sauerkirsche und Zwetschge werden unten behandelt.

Pflanzschnitt beim Pfirsich

Erschrecken Sie nicht, wenn Sie einen Pfirsich in der Baumschule kaufen und das Aussehen ihres Baumes sich nach dem Pflanzschnitt (den der Verkäufer durchführt) deutlich verändert hat. Dann wurde die Arbeit richtig getan und nicht Rücksicht auf den Kunden genommen, der nun nur „wenig Baum“ für sein Geld bekommt. Die Abbildungen zeigen den richtig durchgeführten Pflanzschnitt bei einer einjährigen Veredelung.

Wenn Sie diese Arbeit selber durchführen wollen, dann sollten Sie folgendermaßen vorgehen:

Pflanzschnitt beim Pfirsich: Man wählt drei Seitenäste aus, die auf ein Drittel zurückgeschnitten werden.

1. Einen Baum mit einer Stammhöhe von mindestens 60 cm, besser 80 cm auswählen.
2. Auswahl der Leitäste, das sind – wie Sie schon wissen – die zukünftigen deutlich sichtbaren starken Äste für den Kronenaufbau.
3. Festlegen von maximal drei bis vier übereinander liegenden Ästen, die idealerweise in einem Winkel von 60 bzw. 90 Grad zueinander stehen, die Äste sollten nicht zu dicht übereinander stehen und einen Winkel zur Stamm-Mitte von etwa 45 Grad einnehmen.
4. Anschnitt der Leitäste auf vier bis sechs Augen. Alles andere wird weggeschnitten.
5. Die Stammverlängerung etwa 15 bis 20 cm über den Leitästen anschneiden. Übrig bleiben die Stamm-Mitte und die angeschnittenen Leitäste.

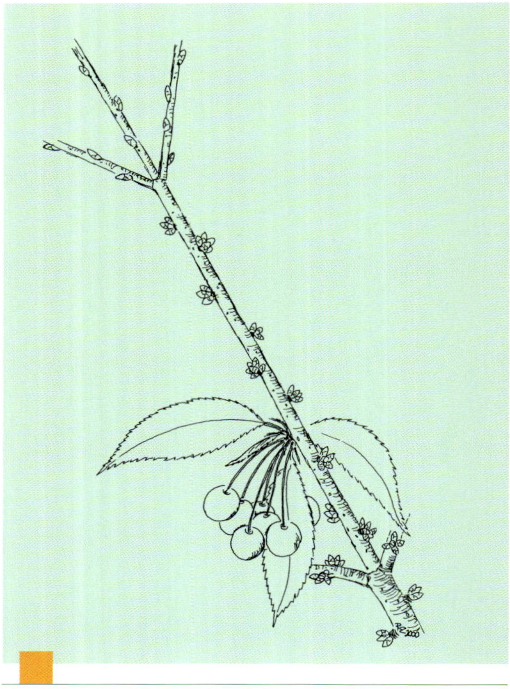

Bukett-Trieb der Süßkirsche. Die Früchte entwickeln sich in typischen Büscheln.

Pflanzschnitt bei der Sauerkirsche und Zwetschge

Die Vorgehensweise ist hier wieder anders als beim Pfirsich. Die Schnittmaßnahmen bei der Sauerkirsche bzw. bei der Zwetschge beschränken sich auf:

- Anschnitt der Stamm-Mitte je nach Veredelung etwa 20 bis 30 cm über dem letzten Ast, der als Leitast vorgesehen ist.
- Einkürzen der in 45-Grad-Stellung gebrachten Leitasttriebe um zwei Drittel auf ein außenliegendes Auge.
- Entfernen der bodennahen Triebe in der nächsten Vegetationsperiode, d. h. im nächsten Frühjahr.
- Zu flach verlaufende Äste können hoch gebunden werden.

Alternativ dazu führt man bei der Sauerkirsche keinen Pflanzschnitt durch. Die Korrektur erfolgt erst nach drei bis vier Jahren. (Dies erfordert aber eine gewisse Erfahrung.) Der Vollständigkeit halber folgt auch dazu eine kurze Beschreibung der Vorgehensweise:

1. Entscheidung über den Kronenaufbau: Hohlkrone oder Pyramidenkrone?
2. Leitäste festlegen.
3. Entfernen von überflüssigen Abzweigungen. Nicht zu viele Gabelungen bei den Leitästen akzeptieren.
4. Bei einem Hohlkronenaufbau wird der Mitteltrieb entfernt (im 4. oder 5. Standjahr).

Pflanzschnitt bei der Süßkirsche

Auch hier erfolgt der Anschnitt je nach Unterlage in unterschiedlichen Stammhöhen: Auf Vogelkirsche entwickelt sich ein starker Baum, der in 2,00 m Höhe angeschnitten wird. Auf anderen Unterlagen kommt es zu einer schwachen Entwicklung, ähnlich wie auf M-27- oder M-9-Unterlagen bei Äpfeln, und man kappt den Stamm in etwa 1,60 bis 1,80 m Höhe. Ihre Baumschule berät Sie auch in Bezug auf die Unterlagenwahl gerne.

Die Vorgehensweise ist ähnlich wie bei der Sauerkirsche. Auch hier erfolgt der Anschnitt etwa 20 bis 30 cm über dem letzten Leitastabgang. Der einzige Unterschied besteht in der Beschränkung auf maximal drei Leitäste. Der Verlauf der Leitäste sollte einen betont flacheren Verlauf von etwa 20 bis 30 Grad einnehmen. Auch eine leicht waagerechte Stellung kann akzeptiert werden. Sollten die Äste des gekauften Baumes einen steileren Verlauf haben, bitte auf die gewünschte Neigung herunterbinden.

Ein Zwetschgenbaum im Jugendstadium.

Erziehungsschnitt bei der Sauerkirsche

Die Sauerkirsche trägt am *zweijährigen* Holz! Eine Fruchtbarkeit am älteren Holz ist so gut wie kaum gegeben und somit ist die Ertragsleistung am älteren Holz sehr begrenzt. Begehen Sie nicht den Fehler, die Leitäste zu steil aufzubauen. Mindestens eine 45-Grad-Stellung sollte eingehalten werden. Damit erreichen Sie, dass man auch in späteren Jahren Früchte in Bodennähe ernten kann. Was den Erziehungsschnitt betrifft, werden die Leitäste bestimmt. Diese werden in den ersten zwei bis drei Vegetationsperioden nur leicht (etwa ein Drittel) angeschnitten. Gleiches gilt für die Stamm-Mitte. Nach acht bis zehn Standjahren können Sie die Stamm-Mitte auf

Zusammenfassung: Schnitt der Sauerkirsche und der Zwetschge

- Leitäste nicht steiler als 45 Grad, besser etwas flacher.
- Rückschnitt der Äste maximal um zwei Drittel ihrer Länge oder auf jungen Trieb.
- Leitastebene und Stamm-Mitte sollten auch im fortgeschrittenen Stadium einen Winkel von 120 Grad einnehmen.
- Um der Verkahlung vorzubeugen – Rückschnitt auf Zapfen (Zwetschge).
- Höhenbegrenzung auf den letzten Astring einleiten. Die Stamm-Mitte wird über diesem Astring entfernt (gilt nur für die Sauerkirsche).

Der grundsätzliche Fehler besteht bei diesem Zwetschgenbaum in einer zu steilen Aststellung und einem zu starken Seitenast.

den nächst tiefer liegenden Ast zur Höhenbegrenzung ableiten. Somit wäre der Baum, was Ausladung und Höhenbegrenzung anbelangt, fertig. Es gibt zudem die Möglichkeit, die Stamm-Mitte herauszunehmen, dann besteht der Baum nur noch aus den Leitästen. Das hat den Vorteil, dass mehr Licht in den Baum eindringt, was sich qualitätssteigernd auswirkt.

Erziehungsschnitt bei der Zwetschge

Im Gegensatz zur Sauerkirsche tragen die Zwetschgen am *zwei- und dreijährigen* Holz, vereinzelt auch noch an älteren Holzteilen. Die Zwetschge hat das Bestreben schmal und hoch aufzubauen (aber nicht so schmal wie die Birne). Versuchen Sie, wie auch bei der Sauerkirsche beschrieben, die Leitäste (drei bis maximal vier) in einer 45-Grad-Stellung zu halten. Um dies zu erreichen, können Sie die Leitäste um zwei Drittel auf ein nach außen liegendes Auge zurückschneiden – der Baum nimmt dann eine breitere Form an. Um der Verkahlung entgegenzuwirken, sollten Sie störende Triebe auf Zapfen (etwa 10 cm des Triebes oder Jungastes bleiben stehen) zurückschneiden. Die Zwetschge treibt unterhalb des Zapfenschnitts wieder aus und füllt den Baum von innen heraus.

Nimmt Ihr Baum eine Höhe ein, die lange Schüttelstangen für die Ernte erfordert, dann sollten Sie über eine Höhenbegrenzung des Baumes nachdenken. Unternehmen Sie nichts, wird die Mitte immer stärker und wenn sie erst einen Durchmesser von 20 bis 25 cm in 7 Meter Höhe erreicht hat, ist es nicht mehr einfach, regulierend einzugreifen. Hat aber Ihr Baum hat in 7 oder 8 Meter Höhe noch keine starke Mitte, steht einer Höhenbegrenzung auf den darunter liegenden Astring nichts im Wege. Der Schnitt erfolgt etwa 10 cm über dem Astringkranz. Damit wird vermieden, das die Austrocknung in den vitalen Bereich der Stamm-Mitte reicht.

Erziehungsschnitt beim Pfirsich

Beim Pfirsich gilt es zu beachten, dass er – mit Ausnahme der Bukett-Triebe – nur am *einjährigen* Holz fruchtet.

Der Pfirsich nimmt unter den Obstbäumen eine besondere Stellung ein, und zwar aus folgendem Grund: Er bildet *wahre* und *falsche* Fruchttriebe. Es ist schon vorgekommen, dass Baumbesitzer immer die wahren Fruchttriebe herausgeschnitten haben und sich deshalb gewundert haben, warum ihr Baum so gut wie keine Früchte trägt. Was aber ist ein wahrer Frucht-

Fruchttrieb beim Pfirsich: Zwischen den Blütenknospen ist die Blattknospe zu erkennen.

trieb? Der Unterschied liegt in der Knospenbildung. Wahre Fruchttriebe haben Blüten- und Blattknospen in einem Knospenbüschel (Abbildung). Diese Anordnung nimmt einen Bereich von ein Drittel bis zwei Drittel des Triebes ein, gemessen ab der Triebspitze! Wer das nicht weiß und auf ein Drittel zurückschneidet, hat somit die Blüten entfernt und ist enttäuscht über die mangelnde Fruchtbildung. Der falsche Fruchttrieb trägt dagegen nur Blattknospen.

Nach fünf bis sechs Jahren können Sie sich entscheiden, ob Sie die Stamm-Mitte herausnehmen wollen. Im Hobbybereich ist diese Entscheidung von keiner so großen Tragweite wie im Erwerbsobstbau. Der Erziehungsschnitt beim Pfirsich hat die Entwicklung kräftiger einjähriger Triebe zum Ziel. Wir gehen nach dem bewährten Schema vor:

1. Drei bis vier Leitäste in 45-Grad-Position bringen.
2. Anschnitt um ein Drittel.
3. Entfernung schwacher Seitentriebe.
4. An den Leitästen werden nur kurze Verzweigungsstummel toleriert (maximal 40 cm Länge), an deren Ende sich wieder neues Fruchtholz bilden kann.

Erziehungsschnitt bei der Süßkirsche

Der Schwerpunkt der Fruchtbildung befindet sich bei der Süßkirsche am *dreijährigen* Holz. Wenn Sie mit den Schnittmaßnahmen bei der Süßkirsche beginnen wollen, beachten Sie Folgendes: Der Rückschnitt bei der Süßkirsche erfolgt nicht in der kalten Jahreszeit, sondern schon kurz nach der Ernte im August, d. h. der Baum steht noch im Laub! In der einschlägigen Literatur wird erwähnt, dass der Schnitt bei trockenem, warmem Wetter die Valsa-Krankheit begünstigt. Das sollte man bei den Schnitt-Terminen berücksichtigen.

Zusammenfassung: Schnitt der Süßkirsche

- Einen flachen Verlauf der Leitäste (etwa 30°) anstreben.
- Binden der Äste ist besser als Schneiden.
- Beim Schneiden von stärkeren Ästen Zapfen stehen lassen.
- Rückschnitt nach der Ernte, wenn der Baum im Laub steht.
- Sägewunden mit dem Messer glatt schneiden.

Generell werden beim Kronenaufbau die Leitäste der Süßkirsche flacher gestellt als bei den anderen Baumarten (z. B. 30 ° oder noch flacher). Sie können wählen, ob Sie den Baum besser durch Binden der Äste oder durch Schneiden formieren wollen. Das Binden eignet sich bis Aststärken von 3 cm, darüber hinaus steigt die Bruchgefahr.

Es hat sich gezeigt, dass es besser ist, beim Schnitt von stärkeren Ästen (so ab 2 cm Durchmesser) einen Zapfen stehen zu lassen. Es erfolgt in aller Regel ein Austrieb an dieser Stelle, was der Verkahlung des Kroneninneren entgegenwirkt.

Auch bei der Süßkirsche sollten Sie stets danach trachten, dass sich eine Fruchtast-Erneuerung einstellt. So ab dem sechsten bzw. siebten Standjahr können Sie auch in das alte Holz auf einen Bukettzweig zurückschneiden (Abbildung Seite 56).

Auf Schnittmaßnahmen können die Kirschen unter Umständen sehr empfindlich reagieren. Um Infektionen vorzubeugen, behandeln Sie die Schnittwunden sorgfältig. Bei Sägewunden sollten Sie vom Rand her leicht bis in das Splintholz (siehe Zeichnung Seite 20) mit dem Messer glattschneiden und anschließend mit einem Wundverschlussmittel behandeln.

Schnitt der Walnuss

Beim Kauf einer unveredelten Walnuss entfernen Sie bitte nur die störenden Austriebe unterhalb 1,50 bis 1,80 m sowie das Zuviel an Verzweigungen bei den oberen Seitenästen. Für den Kronenaufbau bestimmen Sie maximal drei Seitenäste. Ein Anschnitt der Mitte erfolgt bei der Walnuss in aller Regel nicht.

Eine Walnuss erfordert keine regelmäßigen Schnittmaßnahmen. Sollte ein Schnitt jedoch nötig sein, so gibt es ein paar Rahmenbedingungen, die Sie beachten sollten: Geschnitten wird wie bei der Süßkirsche im belaubten Zustand. Falls der Rückschnitt eines Astes notwendig sein sollte, erfolgt er – wenn möglich – auf eine starke Knospe. Seitenäste, die zu viele Verzweigungen aufweisen, nehmen Sie am besten ganz heraus. Ziel bei diesen Schnittmaßnahmen sollte sein:

- ein ausgewogener Kronenaufbau,
- eine aufgelockerte Seitenastgestaltung, d. h. nicht zu viele Verzweigungen,
- eine gute Lichtdurchdringung.

Schnitt bei Beerenobst

(Rote und Schwarze Johannisbeere, Brombeere, Himbeere, Stachelbeere und Erdbeere)

Sie können beim Kauf in der Baumschule zwischen Container- (mit Erdballen im Kunststofftopf) und wurzelnackten Pflanzen (ohne Erde nur mit Wurzelstock) wählen. Der Vorteil der Containerpflanzen liegt darin, dass Sie diese Pflanzen sofort einpflanzen können. Bei den Wurzelpflanzen sollten Sie den Stock zwei bis drei Stunden vor dem Einpflanzen in einen Eimer mit Wasser stellen. Das gilt für Buschpflanzen wie auch für Stämmchen. Stämmchen haben den Vorteil, dass Sie sich bei der Ernte nicht bücken müssen, und es lässt sich leichter um die Pflanze herum mähen. Bei der Auswahl von Büschen sollte die Pflanzware etwa drei bis fünf schöne Triebe aufweisen. Diese sollten nicht zu flach stehen, denn sie haben nach dem Einpflanzen bald Bodenkontakt, was zu Verschmutzung der Früchte und eventuell zu Schneckenbefall führen kann.

Pflanzschnitt bei Johannis- und Stachelbeere

Sie haben ihre Pflanzen gekauft, jetzt wird das Pflanzloch gegraben. Graben Sie das Pflanzloch so tief, dass die Pflanze noch etwa 5 cm über dem Verzweigungsansatz mit Erde bedeckt werden kann. Wählen Sie die kräftigsten Triebe aus (mindestens drei, maximal fünf). Der Triebverlauf sollte, wie schon gesagt, nicht zu flach sein. Dann schneiden Sie die ausgewählten Triebe zur Hälfte ab. Der Schnitt erfolgt knapp oberhalb einer nach außen gerichteten Knospe. Wenn Sie einen schönen zentralen Mitteltrieb haben, dann lassen Sie diesen etwas höher stehen.

Pflanzschnitt bei Himbeere und Brombeere

Die angebotenen Pflanzen werden in Töpfen und als Wurzelware (vor allem Brombeere) angeboten. Bei der gekauften **Himbeere** sind die Ruten etwa 70 bis 80 cm lang. Nach dem Einpflanzen werden die Ruten auf eine Länge zwischen etwa 40 und 60 cm zurückgeschnitten. Beim Schnitt brauchen Sie keine Rücksicht auf etwaige Verzweigungen nehmen, Sie schneiden einfach ab.

Mit der **Brombeere** haben Sie es relativ einfach. Nach dem Einpflanzen der Jungpflanze unterbleibt jeglicher Schnitt.

Schnitt bei Johannisbeere und Stachelbeere

Rote Johannisbeere und Stachelbeeren tragen am *ein- und mehrjährigen* Holz. Schwarze Jo-

Beim Schnitt der Johannisbeere werden immer einige ältere Triebe entfernt, damit der Strauch neues Fruchtholz bilden kann.

hannisbeeren sogar ausschließlich am *einjährigen* Holz! Die beste Fruchtqualität findet man an den einjährigen Fruchtspießen. Sie sind zwischen 15 und 30 cm lang. Die beste Schnittzeit für den Sträucherschnitt ist Ende Februar bis Mitte März.

In den ersten beiden Jahren nach der Pflanzung empfiehlt sich beim Johannisbeerstrauch keine Schnittmaßnahme, außer es handelt sich um zu flach über dem Boden verlaufende Triebe: die müssen weg. Ab dem dritten Jahr erfolgt regelmäßiges Auslichten. Werden keine Maßnahmen ergriffen, so entstehen überalterte, kaum Früchte tragende Sträucher. Für das Auslichten schneiden Sie die alten Triebe heraus, zwei oder drei können Sie stehenlassen. Die alten Triebe erkennen Sie an der schwarzen Rinde. Sie können auch einen älteren Trieb auf einen jüngeren ableiten. Auch die Jungtriebe (sie sehen hell bis silbrig aus) werden herausgeschnitten. Von den Jungtrieben bleiben die kräftigsten, maximal aber fünf, stehen. Ziel dieser Maßnahmen ist es, wie beim Kern- oder Steinobst, Licht in das Strauchinnere zu bringen.

Strauchaufbau:

1. Ein Viertel des Strauches sind Jungtriebe (etwa 4 bis 5), ein Viertel sind zweijährige Triebe, der Rest sind die dreijährigen und vierjährigen Triebe.
2. Ältere Triebe mit kurzen Fruchtspießen (10 bis 15 cm) können Sie stehenlassen, aber jene ohne Fruchtspieße werden herausgeschnitten.
3. Bei den nicht so alten Trieben schneiden Sie den Trieb um zwei bis vier Augen zurück. Der Schnitt erfolgt über dem Augenansatz.

Mit dieser Vorgehensweise können die Sträucher sehr alt werden, ohne zu überaltern. Sie können mit den Schnittmaßnahmen gleich nach der Ernte beginnen.

Bei der Stachelbeere schneiden Sie die alten, sich überkreuzenden sowie die nach unten wachsenden Triebe heraus. Übrig bleibt ein Busch oder Stamm mit drei bis fünf starken Haupttrieben und vielen Kurztrieben.

Abweichend zu den Büschen werden die Bäumchen oder Stämmchen etwas anders geschnitten. Man verfährt ähnlich wie bei den Obstbäumen: Es werden drei oder vier Hauptäste ausgesucht, die als Gerüst dienen. Prinzipiell gilt das Gleiche wie oben beschrieben, die Gerüstäste können aber eine flachere Stellung einnehmen. Bei zu langen Gerüstästen kann auf weniger als fünf Augen zurückgeschnitten werden. Sie verringern damit die Bruchgefahr der Äste, wenn das Bäumchen trägt.

Schnitt bei der Himbeere

Die Schnittzeit für die abgetragenen Ruten beginnt bald nach der Ernte im August. Die

Himbeere trägt am *zweijährigen* Holz. Was bedeutet das, wenn gerade erst frisch gepflanzt worden ist? Der Austrieb der jungen Ruten erfolgt im gleichen Jahr. Diese blühen im nächsten Jahr im Mai. In der gleichen Zeit entstehen wieder Jungruten. Ab Juli des nächsten Jahres können Sie dann mit Früchten rechnen. Die etwa zwei Meter hohen Tragruten werden nach der Ernte kurz über dem Boden abgeschnitten (wegen der Rutenkrankheit, siehe Abbildung). Die schon sichtbaren Jungtriebe bleiben stehen. Bei den Jungruten werden nur die schwachen Ruten (Bleistiftstärke) herausgeschnitten. Je nach Sorte bleiben dann etwa acht bis zwölf Ruten auf den Meter stehen. Wenn Sie die Sorteneigenschaften nicht so gut kennen, dann legen Sie einfach zehn Ruten pro Meter fest. Sie können dann im nächsten Jahr die Anzahl nach oben oder unten korrigieren.

Schnitt bei der Brombeere

Eine Brombeer-Anlage macht sehr viel Arbeit. Aber Sie werden durch gut schmeckende Früchte reichlich belohnt. Für Schnittmaßnahmen ist der Zeitraum Ende Februar bis Ende März zu empfehlen. Sollten Sie jedoch rot bleibende bzw. nicht ausgereifte Früchte an ihrer Brombeerhecke gehabt haben, so deutet das auf die Brombeermilbe hin. Hier empfiehlt es sich, den Rückschnitt der abgetragenen Ruten schon nach der Ernte vorzunehmen.

So ab Mitte August kann man die Aufmerksamkeit auf die oft endlos weiter wuchernden Seitentriebe lenken, die sogenannten Geiztriebe. Sie entziehen der Pflanze unnötig Kraft und bringen gar nichts. Wir schneiden diese Triebe bei einer Länge von etwa 50 bis 70 cm bis auf zwei bis vier Blatt zurück. Sollte der Trieb bei guten Witterungsbedingungen wieder austreiben, wiederholen Sie diese Maßnahme. Wenn Sie schon beim Schneiden sind, dann schneiden Sie bei dieser Gelegenheit auch die weniger gut entwickelten Schosse (schwache Bleistifttriebe) dicht über dem Boden weg.

Es bleiben je nach Pflanzenalter etwa vier bis sechs kräftige Haupttriebe stehen, den Rest können Sie in Bodenhöhe wegschneiden.

Schnitt der Brombeere

- Abgetragene Triebe im März (bei Befall durch die Brombeermilbe nach der Ernte) entfernen.
- Seitentriebe (Geiztriebe) auf zwei bis vier Blatt zurückschneiden.
- Schwach entwickelte Schosse nach der Ernte entfernen.
- Vier bis sechs Haupttriebe für das nächste Jahr stehen lassen.

Typische Wuchsmerkmale von Kern- und Steinobst

Die im folgenden beschriebenen Wuchsmerkmale gelten prinzipiell bei allen Erziehungsformen mit Ausnahme von Apfel-Ballerina.

Mangelhafte Fruchtbildung

Problem: Sie haben einen Baum, der sehr stark wächst, aber gar nicht oder wenig Früchte trägt. Sie schneiden den Baum immer wieder stark zurück, aber es bildet sich nur wenig Fruchtholz.

Wuchsmerkmal: Durch den starken Rückschnitt wird der Baum immer noch mehr zur starken Triebbildung mit wenig Blütenbildung angeregt.

Anmerkung: Es kann sich aber auch um eine stark alternierende Sorte wie z. B. 'Goldpar-

mäne' oder 'Ontario' handeln. Diese Sorten können nur eingeschränkt durch Pflegemaßnahmen zur Blütenbildung angeregt werden.
Empfehlung: Den starken Rückschnitt unterlassen, sondern nur maßvoll die Leit- und Seiten- bzw. Gerüstäste regulieren. Nicht alle Langtriebe herausschneiden, z. B. nur jeden zweiten oder dritten. Der Baum beginnt sich zu beruhigen. Die wichtigsten Astpartien zur Blütenbildung sind die zweijährigen Triebe!

Dreijähriges Holz bildet schon benachteiligte Blüten, und Blüten am sogenannten Quirlholz (mehrjähiges Holz) sind von schlechter Qualität. Auch für das mehrjährige Holz gilt es Maß und Ziel zu berücksichtigen. Nicht alles Quirlholz herausschneiden, sondern nur z. B. die stark überalterten Bereiche.
Ergebnis: Es bilden sich zahlreiche schwach entwickelte Neutriebe mit 20 bis 50 cm Länge. Nach einer, maximal nach zwei Vegetationsperioden sollte sich ein guter Blütenansatz einstellen.

Ungleiche Aststellung

Problem: Sie haben einen Baum mit ungleicher Aststellung. Zum Beispiel wächst ein Ast relativ steil nach oben, während der andere Ast fast waagerecht verbleibt.
Wuchsmerkmal: Der waagerechte Ast ist benachteiligt, da die Triebbildung beim nach oben gerichteten Ast viel stärker ausgeprägt ist. Dieser Ast zieht mehr Nährstoffe an sich, welche dem waagerechten Ast dann fehlen, was zu einem schwächeren Dickenwachstum führt.
Empfehlung: Erstens den steil nach oben wachsenden Ast stärker zurückschneiden, den waagerechten Ast wenig oder gar nicht schneiden. Den steilen Ast schneidet man zweckmäßig auf ein außenliegendes Auge oder einen nach außen abzweigenden Ast.

Zweitens den nach oben wachsenden Ast in eine Stellung, die noch leicht nach oben zeigt, herunterbinden. Diese Maßnahme ist nur bei Bäumen im Jugendstadium durchführbar. Äste mit einem Durchmesser größer 5 cm sind kritisch (Bruchgefahr!).
Ergebnis: Durch den starken Rückschnitt des steil nach oben wachsenden Astes können nicht mehr so viele Nährstoffe in diesem Ast verbraucht werden, was den anderen Ästen zu gute kommt. Durch das Herunterbinden wird das Längenwachstum gebremst.

Verschiedene Astdurchmesser

Problem: Äste mit unterschiedlichen Durchmessern zweigen vom Stamm in ähnlicher Neigung ab.
Wuchsmerkmal: Die starken Äste werden bestrebt sein, ihre Dominanz beizubehalten.

Der Konkurrenztrieb (links im Bild) muss entfernt werden.

Der steil nach oben verlaufende Ast dieser Zwetschge muss entfernt werden.

Das kann soweit gehen, dass der von der Mitte abzweigende Ast einen Durchmesser einnimmt, der der Stamm-Mitte entspricht. Im Extremfall verkümmert die Mitte.
Empfehlung: Die starken Äste massiv zurückschneiden, oder den starken Ast herausnehmen. Das Gesamtbild des Kronenaufbaus muss noch stimmen. Lieber über ein, zwei oder sogar drei Vegetationsperioden immer ein Stück zurückschneiden.
Ergebnis: Nach ein oder zwei Vegetationsperioden hat sich der schwache Ast erholt.

Viele schwache Seitenäste

Problem: Der Baum hat ein normales Kronenbild, aber von der Stamm-Mitte zweigen viele nur schwach ausgebildete Seitenäste ab.
Wuchsmerkmal: Durch die Vielzahl der Seitenäste konnte die Nährstoffversorgung für die einzelnen Ästen nicht mithalten. Die Wüchsigkeit, hier speziell das Dickenwachstum, wird eingeschränkt.
Empfehlung: Erstens überflüssige Seitenäste herausnehmen. Zweitens die Stamm-Mitte zurücknehmen, damit die Seitenäste besser versorgt werden.
Ergebnis: Nach ein bis zwei Vegetationsperioden sind die Seitenäste gestärkt.

Zu sehr steil stehende Seitentriebe

Problem: Die Seiten- bzw. Leitäste wachsen steil nach oben.
Wuchsmerkmal: Durch diese Stellung ist der Ast bestrebt, noch mehr Nährstoffe für sich zu beanspruchen. Die daraus abzweigenden Äste nehmen eine untergeordnete Stellung ein und werden bei der Nährstoffvergabe auch so behandelt.
Empfehlung: Einen abzweigenden Ast auswählen und den darüber liegenden Teil entfernen.
Ergebnis: Ein offener, weiter Kronenaufbau stellt sich ein.

Zusammenfassung

- Je steiler der Ast, desto größer die Wuchskraft.
- Eine flache Aststellung hat Wuchsberuhigung zur Folge.
- Nicht zu viele Seitenastbildungen tolerieren, maximal vier bis fünf Seitenäste pro Ebene.
- Der Durchmesser des Seitenastes sollte maximal 50 % der Stamm-Mitte betragen.
- Einkürzen der Äste bedeutet vergrößertes Nährstoffangebot für die anderen Astpartien.
- Sägewunden mit dem Messer glatt schneiden.

Schnittfehler und Schnittmaßnahmen

Bei meinen vielen Rundgängen sind mir eine Vielzahl von Schnittfehlern aufgefallen. Jeder Besitzer möchte seinen Baum sicherlich richtig schneiden, aber im Laufe der Zeit schleichen sich Fehler ein (oder man weiß es einfach nicht besser).

Entnehmen Sie aus den Hinweisen zu den Abbildungen Anregungen für Ihr zukünftiges Handeln. Bauen Sie Vergleiche zu Ihrem Baumbestand auf und wägen Sie ab, ob Maßnahmen notwendig sind. Bedenken Sie: Ziel aller Erziehungs- bzw. Schnittmaßnahmen sollte immer eine offene, schön gestaltete und von Licht gut durchdrungene Krone sein.

1 In dieser Krone ist ein Leitast zuviel.
Empfehlung: Der lange Trieb rechts muss entfernt werden. Die Mitte gehört weiter eingekürzt, so dass sich ein spitzer Winkel von etwa 120 Grad ergibt (Saftwaage).
Wem das zu geometrisch ist: Mitteltrieb über einem Auge etwa zwei Hand breit über der Ebene der Leitäste abschneiden.
Danach drei oder vier Leitäste festlegen. Den Rest wegschneiden, dabei Saftwaage berücksichtigen.

1

2 Hier zweigen zu viele Äste ab. Es ist keine Eindeutigkeit für eine Leitastfestlegung erkennbar. Drei Abzweigungen stehen auf der gleichen Ebene. Vom Leitast zweigt ein starker Seitentrieb ab.
Empfehlung: In diesem Stadium des Baumes muss Eindeutigkeit erzeugt werden: Ein Trieb muss weg.

2

3 Stehen die Leitäste zu steil, empfiehlt sich das Abspreizen auf 45 Grad mit einem Spreizholz. Weisen im Alter schon fortgeschrittene Bäume eine zu steile Leitaststellung auf, können nur noch grobe Korrekturen vorgenommen werden wie zum Beispiel: Steile Äste auf nach außen wachsende Äste ableiten oder die Höhe über mehrere Vegetationsperioden hinweg zurücknehmen.

3

4

4 Die Abzweigung des ersten Astes liegt viel zu tief. Der zweite darüber stehende Ast ist zu stark ausgeprägt, so dass sich auf der gegenüber liegenden Seite keine Seitentriebe mehr bilden können. Empfehlung: Den ersten Ast komplett herausnehmen. Den zweiten Ast stark einkürzen (auf ein Drittel seiner Länge).

5

6

5 Ausgangssituation: Der Leitast wurde im Laufe der Zeit sich selbst überlassen. Er hat einen zu steilen Verlauf eingenommen.

6 Die Schnittmaßnahme hat zum Ziel, auf einen nach außen wachsenden Ast abzuleiten. Damit kommt wieder Licht in den Bereich der Stamm-Mitte, und die Astkonkurrenz ist beseitigt.

7 Hier wurden die Triebe zu lang belassen. Früchte hängen auf den Boden herab. Es wurden außerdem zu wenige Früchte ausgedünnt. Bruchgefahr ist die Folge.
Empfehlung: Winterschnittmaßnahmen so auslegen, dass die Äste mit den zu erwartenden Früchten nicht den Boden berühren bzw. nicht überlastet werden.

7

8 Wurzelausläufer sind komplett zu entfernen. Gleiches gilt für Austriebe, die sich kurz über der Veredelungsstelle gebildet haben.

8

9 Ausgangssituation: Ein senkrecht im Anfangsbereich abzweigender Ast besitzt fast den gleichen Durchmesser wie der Leitast. Der untere Ast wird stark überdeckt.

10 Maßnahme: Der starke Ast wird herausgenommen, damit wieder Eindeutigkeit herrscht.

11 Diese Zwetschge wurde über mehrere Jahre nicht geschnitten. Im unteren Bereich befindet sich zu steiles, im oberen Bereich zu dichtes Astwerk. Dazu kommen Verkahlungen im Bereich der Stamm-Mitte. Im oberen Bereich lädt die Krone sehr breit aus.
Empfehlung: Entweder den Baum so belassen oder Korrekturen von oben her vornehmen.

- Die Stammhöhe um ein Drittel zurücknehmen. (Das kann über ein, zwei Vegetationsperioden geschehen.)
- Dünnes Holz herausschneiden.
- Ganze Astkränze komplett entfernen und dadurch Licht in die Baummitte bringen.
- Den Zapfenschnitt nicht vergessen, vor allem nicht im Bereich der Stamm-Mitte, um der Verkahlung entgegenzuwirken.

12

12 Dieser Birnbaum ist „durchgegangen“. Er besitzt viel Höhe, aber schwache Seitenäste. Es sind zu viele Astkränze; obere Äste überdecken die unteren, was zur einer schlechten Belichtung führt. Im oberen Bereich finden sich zu viele Astabzweigungen, dadurch besteht die Gefahr des Astbruches (der Kronenbereich ist stark kopflastig). Die oberen Äste laden teilweise genauso breit aus wie die unteren. Ein Pyramidenaufbau ist nicht ersichtlich.

Empfehlung: Entweder den Baum so belassen und alle Konsequenzen akzeptieren oder:

- Die Höhe bis zu dem letzten stark verdichteten Astkranz zurücknehmen. Damit werden die Voraussetzungen dafür geschaffen, dass die unteren Astpartien wieder besser versorgt werden.
- Zusätzlich einen kompletten Astkranz herausnehmen, hier den zweiten von unten. Die oberen Astkränze deutlich einkürzen.

Eine Bemerkung zum Zeitaufwand für so eine Maßnahme: Dieser Baum verursacht mindestens einen halben Tag intensive Arbeit für die groben Schnittarbeiten. Zu einem späteren Zeitpunkt sollten die Feinkorrekturen durchgeführt werden, die wiederum einen halben Tag in Anspruch nehmen können.

13

13 Eine Höhenbegrenzung wurde in der Vergangenheit durchgeführt, aber nicht weiter verfolgt. Im oberen Bereich stehen zu viele Seitenäste und sehr viele Ständertriebe (senkrecht nach oben wachsende Äste). Das Astwerk steht sehr dicht.

Empfehlung:

- Eine Höhenbegrenzung einleiten.
- Den oberen Astkranz bis auf drei Äste reduzieren.
- Die Ständertriebe herausnehmen.
- Die oberen Astpartien in der Länge zurücknehmen. Ziel sollte ein pyramidenförmiger Kronenaufbau sein.
- Altes Holz herausnehmen, damit Licht in den Baum kommt.

14 Ein zu starker Seitenast zweigt aus der Mitte ab. Es finden sich schwache und zu viele Seitenäste im unteren und oberen Baumbereich. Es ist kaum Jungholz vorhanden.

Empfehlung:

- Untere Äste entfernen (sie behindern nur beim Mähen).
- Den starken Seitenast zurücknehmen (sofern es der Kronenaufbau zulässt).
- Altes abgetragenes, nach unten wachsendes Holz entfernen.

Und wenn Sie einmal einen Ast falsch abgeschnitten haben: Halb so schlimm – es wächst meistens etwas nach.

14

15 Ausgangssituation: Für den Pflanzschnitt besitzt diese Krone wenig brauchbare Verzweigungen.

16 Schnittmaßnahme: Alle Triebe wurden entfernt. Die Mitte schneidet man auf Stammhöhe plus etwa 20 cm an. Zur Erinnerung: Die Stammhöhe beträgt beim Buschbaum etwa 90 cm, beim Halbstamm etwa 1,20 m und beim Hochstamm 1,80 m.

15

16

17

17 So sieht ein gut verzweigter und geschnittener Halbstamm aus: Die Leitäste stehen in gleicher Ebene. Der Verzweigungswinkel beträgt 120 Grad (für eine gute Saftwaage). Es wurde eine schöne, offene Krone geformt. Beim Pfosten wurde hier leider gespart.

18

19

20

21

22

18 Ausgangssituation: Hier ist keine Mitte mehr sichtbar und die Seitenäste sind zu lang.

19 Schnittmaßnahmen:

- Man muss einen neuen Mitteltrieb festlegen. Hier steht er zwar etwas schräg, aber das ist noch akzeptabel.
- Ins alte Holz zurückschneiden mit dem Ziel, eine offene Krone zu gestalten.
- Die Langtriebe entfernen.
- Auf schwächere Seitentriebe ableiten.

20 Es ist keine Mitte vorhanden. Empfehlung: Den gebogenen Astbereich komplett bis auf den nach oben wachsenden Ast zurücknehmen und den neuen Mitteltrieb auf Höhe (z. B. 2,20 m Höhe) anschneiden.

21 Ein Trieb wächst steil nach oben.
Empfehlung: So etwas wird weggeschnitten. Es sei denn, Sie brauchen diesen Trieb zum Kronenaufbau. Dann den Trieb entweder herunterbinden oder mit Gewichten beschweren. Der Ast sollte einen leicht steigenden Verlauf (nicht waagerecht) bekommen.

22 Es wurde auf Zapfen zurückgeschnitten (mindestens 10 cm lang), um einer Verkahlung vorzubeugen.
Ergebnis: Durch den Rückschnitt wurde der Austrieb angeregt. Dadurch sinkt die Gefahr, dass die Äste verkahlen.

23 Es hat sich ausschließlich Quirlholz gebildet. Sollten Sie Bäume mit einem mehr oder weniger gleichen Erscheinungsbild besitzen, dann ist es höchste Zeit, mit dem Erneuerungsschnitt zu beginnen. Hier heißt das konkret: Rückschnitt des vorderen Teils. Die Schnittebenen ließen sich an unterschiedlichen Stellen ziehen, aber das hängt vom Mut des jeweiligen Baumbesitzers ab.

24 Krankes, abgestorbenes Holz prägen das Erscheinungsbild dieses Baumes, ebenso wie längere Zeit nicht geschnittene Astpartien. Solche Astpartien sind für Schadpilze willkommene Bereiche, um sich auszubreiten.
Empfehlung: Einen deutlichen Rückschnitt ins gesunde Holz vornehmen, oder man entfernt diesen Ast ganz, da er den unteren Ast überdeckt.

25 Gut durchgeführter Erziehungsschnitt: Der Baum zeigt eine schöne Anordnung der vier Leitäste. Sie stehen versetzt im 90-Grad-Winkel.

26 Ein Beispiel zur Höhenbegrenzung. Für die Durchführung suchen Sie sich im oberen Baumbereich Seitenäste aus, die einen relativ flachen Verlauf haben. In welcher Höhe Sie begrenzen wollen, das ist Ihre Entscheidung. In aller Regel orientiert man sich an der Leiterlänge bzw. an der Länge des Schüttelhakens. Wenn Sie diese Äste festgelegt haben, entfernen Sie den Mitteltrieb. Damit liegt die Höhe fest. Im Laufe der darauf folgenden Vegetationsperioden entfernen Sie immer wieder die Ständertriebe (senkrecht nach oben wachsende Jungtriebe oder Langtriebe), die sich aus der Schnittfläche des Mitteltriebs bilden. Auch bei den Seitenästen entfernen Sie die senkrecht nach oben wachsenden Langtriebe. Die Kurztriebe können Sie stehen lassen, sie beruhigen die Triebbildung des Baumes ein wenig.

Pflanzenschutz

Bei allen Überlegungen, wie Sie in Ihrem Garten Schädlinge, Pilze oder andere Krankheiten abwehren können, sollte stets für Sie im Vordergrund stehen, Wege einzuschlagen, die nach dem jeweiligen Stand der Erkenntnisse einen bestmöglichen Ausgleich zwischen den ökonomischen und ökologischen Interessen bietet. Haben Sie wirklich alle Maßnahmen ausgeschöpft, bevor Sie zur Chemie greifen? Mit ausgewogener Düngung, dem Einsatz von Nützlingen, sorgfältiger Bodenbearbeitung und der Beseitigung von kranken oder schwachen Pflanzen bzw. Pflanzpartien wird schon viel erreicht. Erst wenn das alles berücksichtigt worden ist und die Schadschwellen (siehe Seite 75) überschritten worden sind, dann können Sie geeignete Mittel verwenden, die für die Klein- und Hobbygärten bzw. für landwirtschaftliche Flächen zugelassen sind.

Noch ein paar Worte zum Hausgarten. Es ist auf den ersten Blick vielleicht schwer zu verstehen, dass der Apfelbaum im Hausgarten nicht mit den gleichen Mitteln behandelt werden darf, die auf der Baumwiese so gute Erfolge gezeigt haben. Das Gesetz schreibt für den Hausgarten andere Kriterien vor als für Acker- bzw. landwirtschaftliche Flächen.

Der Hausgarten ist eine *nicht* landwirtschaftliche, forstwirtschaftliche oder erwerbsgärtnerische Fläche.

Als Alternative dazu gibt es biologische Mittel. In der Schadbildtabelle ab Seite 78 sind für die wichtigsten Fälle neben chemischen Mittel auch biologische Alternativen aufgeführt.

Bereiche, in denen Pflanzenschutzmittel nur eingeschränkt erlaubt sind:

- Hausgärten, Kleingärten und sonstige Gärten,
- begrünte Dachflächen und Fassaden,
- Park- und Grünanlagen,
- Friedhöfe und Balkonbeplanzung.

Für diese Bereiche ist die Anwendung von Herbiziden *nicht* erlaubt. Dies gilt auch für Düngemittel mit Unkraut- oder Moosvernichter.

Erlaubte Pflanzenschutzmittel für diese Bereiche müssen folgende Eigenschaften bzw. Merkmale aufweisen:

- nicht als giftig (T) oder sehr giftig (T+) gekennzeichnet,
- nicht bienengefährlich,
- ohne Wasserschutzgebietsauflage,
- Wartezeit nicht länger als 21 Tage,
- vom Handel in Kleinpackungen angeboten.

Dosierung von Pflanzenschutzmitteln

Bitte halten Sie sich an die angegebenen Dosierungsmengen (in g oder ml je Liter). Viele Hobbygärtner stehen auf dem Standpunkt, ein bisschen mehr könne nicht schaden oder hilft noch besser. Das aber ist der falsche Ansatz. Abgesehen von der Belastung der Umwelt durch verschenkte bzw. nutzlos zum Einsatz kommende Mittel kann sich die Wirkung eines überdosierten Pflanzenschutzmittels rasch in Richtung pflanzenschädigend umkehren.

Was die **Aufwandmenge** an Spritzflüssigkeit betrifft, so haben sich im Laufe der Jahre die in der Tabelle unten angegebenen Werte in meiner Anlage bewährt. Parallel dazu sind die Flüssigkeitswerte aus der Informationsschrift „Lebensraum Garten 2“ vom Ministe-

Dosierung von Pflanzenschutzmitteln

Konzentrationsangabe in %	g bzw. ml in 10 l Wasser	g bzw. ml in 5 l Wasser
0,05	5	2,5
0,1	10	5
0,15	15	7,5
0,2	20	10
0,25	25	2,5
0,3	30	15
0,5	50	25

rium für Ländlichen Raum, Ernährung, Landwirtschaft und Forsten Baden-Württemberg in Klammern aufgeführt. Ich benütze einen tragbaren 5-Liter-Druckbehälter oder eine 15-Liter-Rückentragespritze. Die Angaben sind nicht für Feldspritzen mit Düsen geeignet!

Wichtig ist, dass Sie diese Mengen nicht noch weiter reduzieren. Für Bekämpfungsmaßnahmen ist eine gute Benetzung von Frucht und Blatt wichtig. Bitte hier kein falsch verstandenes Umwelt- oder Kostenbewusstsein an den Tag legen.

Bedarf an Spritzflüssigkeit für Obstgehölze

Spindelbusch, jung	etwa 0,25 – 0,5 l (0,5 l)
Spindelbusch, 5. Standjahr	etwa 1,0 – 1,5 l (2,0 l)
Spindelbusch, ausgewachsen	etwa 1,5 – 2,0 l
Halbstamm, Jugendphase	etwa 4,0 – 6,0 l
Halbstamm, Ertragsphase	etwa 7,0 – 12,0 l (8,0 – 14 l)
Beerensträucher, Jungpflanze	etwa 0,5 l
Beerensträucher, ausgewachsen	etwa 1,0 – 2,0 l
Himbeeren und Brombeeren	etwa 0,5 – 1,0 l je Meter

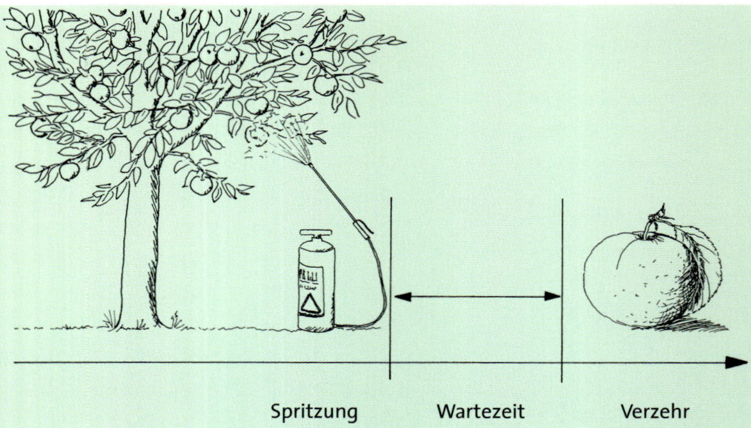

Zwischen einer Behandlung mit einem Pflanzenschutzmittel und dem Verzehr ist die vorgeschriebene Wartezeit einzuhalten.

Die **Reste von Pflanzenschutzmittel** gehören in das Abwasser. Für einen sorgfältig und verantwortungsvoll arbeitenden Hobbygärtner gilt wie im Erwerbsobstanbau: keine Spritzmittel auf offene Gewässer ausbringen oder im schlimmsten Fall in das Grundwasser gelangen lassen!

Wirtschaftliche Schadschwellen

Bei den wirtschaftlichen Schadschwellen geht es darum, Aufwand und Ertrag in ein Verhältnis zueinander zu bringen. Der Obstliebhaber sollte sorgfältig abwägen, ob die 20 DM oder 50 DM für Spritzmittel wirklich notwendig sind, oder die 20, 30 Kirschen oder Zwetschgen als Verlust akzeptiert werden. Nicht jede Laus muss bekämpft werden. Um aber beurteilen zu können, ab wann Bekämpfungsmaßnahmen wichtig und angebracht sind, gibt es die Schadschwellen. Werden bei dem einen oder anderen Baum die Grenzen überschritten, sind Gegenmaßnahmen gerechtfertigt.

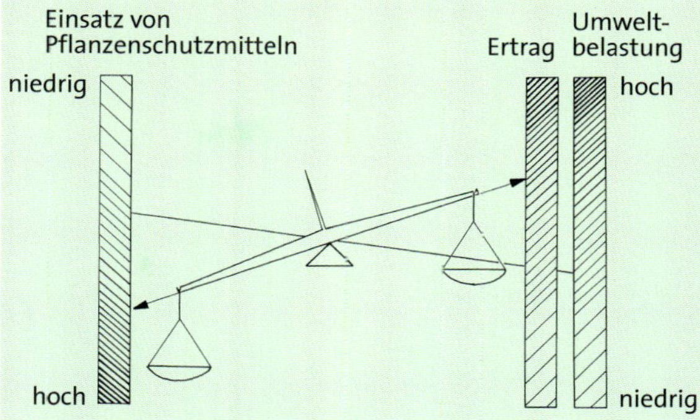

Pflanzenschutz bedeutet einen Mittelweg zu finden zwischen Ertragssicherung und möglichst geringer Umweltbelastung.

Schadschwellen für die Schädlingsbekämpfung an Obstgehölzen			
Schädling	**Vorblüte**	**Nachblüte (Mai–Juni)**	**Sommer (Juli–August)**
Raupen insgesamt	10 – 15 Raupen pro 100 Büschel	1 – 2 Raupen pro 100	Auf Blattfraß besonders an den Triebspitzen achten
Spannerraupen	5 – 8 Raupen pro 100 Büschel		
Apfelgraslaus	8 Kolonien pro 10 Blütenbüschel		
Mehlige Apfellaus	1 – 2 Befallstellen pro 100 Büschel	1 – 2 Kolonien pro 100 Triebe	1 – 3 Kolonien pro 100 Triebe. Bemerkung: Bei der Mehligen Apfellaus gilt es schnell und gründlich einzugreifen, denn sie vermehrt sich explosionsartig
Schwarze Kirschblattlaus	2 – 5 Kolonien pro 100 Triebspitzen	mehrmals nach der Blüte bis 14 Tage vor der Ernte	

Schadbilder an Obstgehölzen

Die folgende Tabelle fasst die wichtigsten Schadbilder zusammen, wie sie durch Viren, pilzliche oder bakterielle Krankheitserreger, Insekten oder andere Schädlinge hervorgerufen werden. Es ist allerdings nicht möglich, im Rahmen dieses Buches für Einsteiger alle potentiell in Frage kommenden Schadbilder und Faktoren aufzuzeigen. Die wichtigsten sind erwähnt und ermöglichen eine grobe Einordnung des Schadensfalls sowie das Einleiten der richtigen Behandlung. Die vorgestellten Maßnah-

Krankheiten	Hinweis	biologische Maßnahme
Feuerbrand Bakterienkrankheit: Die Blätter an den erkrankten Trieben verfärben sich braun bis fast schwarz. Bei anfälligen Sorten verläuft der Prozess sehr schnell. Ganze Äste verdorren. Typische Merkmale sind dunkelbraun gefärbte Blätter an Trieben. Die Spitze der Triebe rollt sich mehr oder weniger deutlich ein, am Trieb selbst bilden sich leicht rötlich gefärbte Harztropfen.	Nicht verwechseln mit der Triebspitzendürre! Bei ihr fehlt die Tropfenbildung. Im Zweifelsfall den zuständigen Grünlandbetreuer fragen. Aufruf durch den Pflanzenschutzdienst. Feuerbrand ist **meldepflichtig**!	Schneidgeräte in 70% Alkohol desinfizieren oder abbrennen.
Triebsucht Im oberen Bereich treiben die Seitenknospen vorzeitig aus. Der Haupttrieb bleibt zurück und die Seitentriebe nehmen einen steil nach oben gerichteten Verlauf ein. Man nennt diese Krankheitsform auch Besenkrankheit.	Der innere Aufbau der Pflanze wird verändert. Die Übertragung erfolgt durch Pfropfung und Insekten (Zikaden).	
Scharka Die Blattadern sind aufgehellt. An älteren Blättern bilden sich olivgrüne Flecken (etwa 5 mm Durchmesser) An der Frucht entstehen Vertiefungen auf der Oberfläche. Je älter die Frucht, desto deutlich ausgeprägter sind diese Vertiefungen. Das Fruchtfleisch ist unter diesen Vertiefungen deutlich verfärbt.	Die Früchte sind ungenießbar. Übertragen werden die Viruserreger der sogenannten Pockenkrankheit durch saugende Insekten sowie durch Pfropfung.	
Schorf An den nicht mehr hellgrünen Blättern bilden sich olivgrüne bis ins Braungrüne gehende verwaschene Flecken. Auch die Blattadern können davon betroffen sein. An der Frucht entstehen dunkelbraune Flecken, die im Laufe der Zeit einreißen oder schuppenförmig ausgebildet sind. An den Zweigen bilden sich schuppenförmige Zonen, die aufplatzen können, bzw. die Rinde löst sich ab.	Die Schorfbekämpfung nimmt einen hohen Stellenwert im Erwerbsobstbau ein. Die Qualität der Frucht ist durch die Pilzkrankheit vermindert, aber für den Selbstversorger nicht weiter schlimm. Ein paar Flecken auf der Frucht sind tolerierbar.	Aufspritzen von Schwefelleber oder Netzschwefel. Bei starker biologischer Ausrichtung kann die Dosierung vermindert werden, aber dafür wird häufiger gespritzt. Ferner kann Bio-S (Ledax-San) eingesetzt werden. Bei hohem Infektionsdruck mehrmals ausbringen.
Mehltau beim Apfel Junge Blätter, Triebspitzen, aber auch ganze Triebe sind von einem weißen Belag überzogen. Das Blattwachstum bleibt aus, die Blätter rollen sich ein und fallen ab. Der Zweig sieht vertrocknet aus.	Mehltau bereitet immer häufiger Probleme. Sehr warmes und trockenes Wetter lassen diesen Pilz sehr schnell fortschreiten. Das Pilzgeflecht selbst überwintert innerhalb der Knospe und des Triebes.	Ackerschachtenhalmjauche, Bio-S oder Ledax-San, Rainfarnbrühe sowie Netzschwefel.
Monilia bei Steinobst An den Spitzen welken die Blätter und Blüten in relativ schneller Zeit. Man nennt dieses Erscheinungsbild auch Triebspitzendürre oder -welke.	Die Monilia-Spitzendürre kann, wenn sie unbehandelt bleibt, zu deutlichen Ernteeinbußen führen. Die Monilia-Fruchtfäule ist eine Lagerkrankheit.	Aufspritzen einer Meerettichbrühe.

men unterliegen einem ständigen Wandel und sind womöglich in fünf Jahren nicht mehr aktuell. Bitte betrachten Sie die Vorschläge für Maßnahmen zunächst als Orientierungshilfe. Aktuelle Informationen erhalten Sie in den einschlägigen Fachgeschäften sowie bei den Beratungsstellen der Landratsämter.

chemische Maßnahmen für integrierte Produktion, teilweise für den Hausgarten	sonstige Gegenmaßnahmen	Einsatzzeitpunkte
Anwendung von Plantomycin für Kernobst. Z. Zt. hat dieses Mittel noch keine Zulassung, sondern nur eine Ausnahmegenehmigung. Hinweis des Pflanzenschutzdienst *muss* beachtet werden!	Alle befallenen Pflanzenteile herausnehmen. Rückschnitt mindestens 30 cm in das gesunde Holz. Oder den ganzen Baum roden, wenn der Befall zu stark ist. Das Pflanzenmaterial verbrennen oder über die Müllabfuhr beseitigen. Nicht auf den Häckselplatz bringen.	Nach besonderem Aufruf durch die Ämter.
	Infizierte Bäume bei starker Krankheitsausprägung entfernen. Nahrungsgrundlage der Zikaden (Unkräuter, Wurzelausläufer) entfernen.	
	Vorbeugende Bekämpfung der Blattläuse. Sofortige Rodung erkrankter Bäume.	
Ein paar Beispiele für die in der integrierten Produktion zugelassenen Mittel: Baycor, Euparen, Delan, Saprol (nicht Birne) HG Discus Weitere Informationen erteilen die entsprechenden Beratungsstellen.	Falllaub untermulchen. Spritztermine auf den Lebenszyklus des Pilzes einstellen (Abbildung), d. h. möglichst termingerecht spritzen, vor allem in der Zeit von April bis Ende Juni. Anpflanzung von schorfresistenten Apfelsorten.	Anfang–Ende März, Mitte April–Anfang Mai, Ende Mai–Anfang Juli, abhängig von Niederschlag, Temperatur und Luftfeuchte.
Empfohlen werden folgende Mittel: • Rubigan • Benocap • Netzschwefel HG • Saprol Neu HG	Auf die klimatischen Bedingungen abgestimmte Auswahl der Sorten. Schnitt der befallenen Treibe schon im Winter. Bei Zur jeder Jahreszeit können bei Befall die Triebe ausgebrochen oder abgeschnitten werden. Ausbrechen oder Abschneiden der Triebe.	Schnitt Anfang Januar - Mitte März, Spritzen und Ausbrechen der Triebspitzen ab Anfang April
Empfohlen werden: • Baycor • Saprol Neu	Triebspitzen und Früchte, die von Monilia befallen sind, entfernen. Ein Rückschnitt ins gesunde Holz von mindestens 10 cm ist durchzuführen. Schnittholz nicht kompostieren. Fruchtmumien entfernen. Weniger empfindliche Sorten pflanzen.	zwei- bis dreimal während der Blüte

Schadbilder an Obstgehölzen (Fortsetzung)

Krankheiten	Hinweis	biologische Maßnahme
Monilia bei Kernobst Wie beim Steinobst welken die Blätter und die Spitzen, die Triebe werden dürr. Nicht verwechseln mit dem Feuerbrand: Monilia produziert *keine* Schleimtropfen! Neben den Trieben werden auch die Früchte befallen. Die Früchte werden braun und weisen weiße Pusteln auf.	Infizierte Früchte verursachen Lagerfäule. Die Früchte werden im Lager schwarz. Sehr anfällig sind frühe Apfelsorten.	Siehe *Monilia* beim Steinobst.
Birnengitterrost An der Oberseite des Blattes bilden sich anfangs gelbe, im weiteren Verlauf rötliche bis braunrote Flecken. Auf der Blattunterseite sind kleine trichterförmige Pusteln sichtbar.	Bei geringem Infektionsdruck von etwa 3–5 Flecken pro Blatt ist keine Behandlung notwendig. Bei starkem Befall kann mit Schorfmitteln der Befall gemindert werden.	Ackerschachtelhalmbrühe mit Schwefelzusatz.
Obstbaumkrebs An jungen Trieben ist die Rinde um das Auge eingesunken und stirbt ab. Die Zweige werden dürr. Die Selbstheilungskräfte des Baumes versuchen hier durch Überwallung den Bereich zu schließen. Es kommt dann zu Wucherungen.	Das vom Krebs befallene Gewebe muss ausgeschnitten werden. Es dürfen keine braunen Stellen mehr vorhanden sein. Anschließend ist ein sorgfältig durchgeführter Wundverschluss notwendig. Diese Maßnahmen sind bei trockenem Wetter durchzuführen.	Entfernen der befallenen Triebe. Ausschneiden der Befallsfläche. Hierzu mindestens 1 cm tief das gesunde Holz mit herausschneiden. Gesundes Holz ist sehr hell, krankes dagegen braun.
Kräuselkrankheit Auf den jungen Blättern bilden sich blasige Deformationen, die im weiteren Verlauf eine rote Farbe annehmen. Im Endstadium vertrocknen die Blätter und fallen ab. Davon sind auch die Fruchtkörper betroffen.	Wenn der Baum nicht zu sehr geschädigt ist, kommt es im Juni zum Neuaustrieb und der Baum überlebt.	Ausbringung der Bordeaux-Brühe, wie sie im Weinbau gegen *Peronospora* und Kräuselkrankheit angewendet wird.
Himbeerrutenkrankheit Im Frühjahr und im Sommer werden an den Ruten violette Flächen sichtbar, die sich im Laufe der Zeit vergrößern. Die geschädigten Ruten treiben im Folgejahr kaum oder gar nicht aus.	Auf den geschädigten Ruten bilden sich nur unterentwickelte Früchte.	Keine zu dichten Rutenbestände zulassen, maximal 12 Ruten auf den Meter. Bestände unkrautfrei halten. Boden mit Mulchschicht abdecken.
Taschenkrankheit bei der Zwetschge Besonders anfällig ist die Hauszwetschge. In raueren Lagen ist mit evtl. stärkeren Infektionen zu rechnen.	Es handelt sich um eine Pilzkrankheit, deren Entwicklungsgang noch nicht vollständig geklärt ist.	
Rotpustelpilz Der Rotpustelpilz gilt als Zeiger für abgestorbenes oder krankes Holz. Bereiche, die von diesem Pilz befallen sind, sind nicht mehr zu retten.	Der Pilz ist leicht durch seine roten Pusteln erkennbar. Er siedelt sich in der Nähe von krankem Gewebe an und breitet sich aus. Nach erfolgtem deutlichem Rückschnitt und Entfernen eventueller Schädlinge gesunden die Bäume in aller Regel.	Mit den Schnittmaßnahmen sehr früh beginnen. Zapfenschnitt vermeiden (Infektionsgefahr).

chemische Maßnahmen für integrierte Produktion, teilweise für den Hausgarten	sonstige Gegenmaßnahmen	Einsatzzeitpunkte
Ein zielgerichtetes Mittel gegen *Monilia* bei Kernobst wird nicht angeboten. Gegen die Lagerfäule können folgende Mittel empfohlen werden: • Euparen WG • Benomyl • Cercibin FL	Entfernen der Fruchtmumien. Gezielte Schorfbekämpfung durchführen. Entfernen der befallenen Zweige.	Siehe Schorfbekämpfung.
Auftragen von Wasserglaspräparat (0,5–1,5%) nicht bei Sonne und nicht in die Blüte spritzen. Zusätzlich können empfohlen werden: Delan SC 750, Rubigan SC, Scala. Mit Saprol (Triforin) habe ich bei Birnen keine so guten Erfahrungen gemacht.		Ausbringungstermine wie bei der Schorfbekämpfung.
Folgende Präparate werden für die integrierte Produktion empfohlen: • Funguran • Cuprozin Bei der Verwendung von Kupferpräparaten die Schädigung von Regenwürmern beachten.	Keine Pflanzung von krebsanfälligen Sorten, dafür Pflanzung standortgemäßer Sorten. Regelmäßige Kontrollen vor der Ernte.	
Folgende Präparate eignen sich: • Euparen WG • Delan SC 750 • Kupferoxychlorid Kupferpräparate schädigen Regenwürmer!	Prüfung, ob die Standortbedingungen für Pfirsich zutreffen. Verwendung von weniger anfälligen Pfirsichsorten wie: Amsden, Alexander, Mayflower	Während des Knospenschwellens im zeitigen Frühjahr, Anfang Januar bis Mitte Februar.
Fungizidpräparate ab einer Rutenlänge von etwa 20 cm ausbringen. Nach zwei Wochen wird die Behandlung wiederholt (Behandlungsvorschriften des Herstellers sind vorrangig!)	Waldähnliche Umgebungsbedingungen schaffen. Die Himbeere ist ein Waldgewächs. Die Bodenarbeiten müssen in Richtung tiefgründig und nährstoffreich ausgerichtet sein. Ferner sind die abgetragenen Ruten kurz über dem Boden abzuschneiden. Spritzungen gegen die Himbeergallmücke durchführen.	
	Entfernen der befallenen Früchte. Eventuell mit Schwefelpräparaten kurz nach der Blüte arbeiten.	
	Entfernen der befallenen Äste bzw. Astpartien bis weit in das gesunde Holz. Bei großflächigen Stamminfektionen ist nur noch Rodung möglich. Das Schnittholz sofort vernichten.	Immer wenn der Pilz sichtbar ist.

Schadbilder an Obstgehölzen (Fortsetzung)

Schädlinge	Hinweis	biologische Maßnahme
Blattläuse an Kernobst Grüne Apfelblattlaus, Apfelfaltenlaus, Mehlige Apfellaus, Blutlaus, Schildlaus Die Blätter rollen sich ein, das Triebwachstum wird gehemmt. Bei starkem Befall vertrocknen die Triebe bzw. der Baum „bleibt stehen" (d. h. es werden keine Jungtriebe mehr gebildet).	Blattläuse leben in Kolonien, vorwiegend an jungen frischen Trieben. Die Blattläuse sind Krankheitsüberträger und sollten sich nicht zu sehr ausbreiten (Schadschwellen beachten). Die Eiablage findet ab Oktober an geschützten Astbereichen des Baumes statt.	Bekämpfung mit Seifenlösung, Brennnesselbrühe, Gesteinsmehl, Asche. Abspritzen der Blätter mit kaltem Wasser. Eine weitere Möglichkeit bei schwachem Befall ist das Zerdrücken von Hand.
Frostspanner und andere Insektenlarven Da der Frostspanner meist massenhaft auftritt, ist der angerichtete Schaden in aller Regel groß. Die Knospen sind innen ausgefressen und hohl, dadurch entsteht keine Blüte mehr. Die Blätter werden stark dezimiert, durch starken Loch- oder Kahlfraß bis auf das Gerippe. An den jungen Früchten findet man Fraßstellen.	Das typische Erkennungsmerkmal für Spannerraupen ist der Katzenbuckel. Tritt die Raupe in Massen auf, kann der Ertrag stark eingeschränkt werden. Der Frostspanner befällt Kern- und Steinobst. Im Spätherbst kriecht das Weibchen den Stamm hinauf und legt ihre Eier ab.	Leimanstrich am Fuß des Baumes anbringen. Austriebsspritzung mit Paraffinöl. Im Hausgarten Verwendung von *Bacillus thuringiensis.*
Apfelblütenstecher Bei diesem Schädling handelt es sich um einen Rüsselkäfer. Gegen Ende der Blütezeit haben sich manche Blüten nicht geöffnet. Die Blütenblätter sind vertrocknet. Öffnet man so eine Blüte, dann befinden sich darin kleine Larven, die das Innere der Blüte auffressen.	In gewisser Weise trägt der Apfelblütenstecher zur Ausdünnung bei. Allerdings kann er, wenn keine regelmäßigen Kontrollen durchgeführt werden, ganze Bestände dahinraffen.	
Kirschfruchtfliege Die Früchte zeigen am Stieleingang eine leicht bräunliche Verfärbung. Öffnet man eine Frucht, so befinden sich im Inneren kleine, etwa 5 mm lange Maden.	Bei starkem Befall ist die Gefahr des Totalausfalls gegeben. Es handelt sich hier um einen der wichtigsten Schädlinge an der Kirsche. Zwischen Mitte Mai (Schlüpfen der Fliege) bis zur Eiablage Ende Mai, Anfang Juni ist eine zielgerichtete Bekämpfung möglich.	Einsatz von Pheromonlockstoffen.
Brombeergallmilbe Die Früchte reifen nicht oder nur teilweise aus. Teile der Frucht bleiben rot, während der Rest sich weiterentwickelt. Die rot gebliebenen Fruchtteile bleiben hart und sauer.	Der Schädling ist mit bloßem Auge kaum sichtbar. Die Länge beträgt etwa 0,15 mm Die Winterquartiere sind: Knospenschuppen, Stängelteile	Verwendung einer Wermutjauche. Leider liegen keine Erfahrungen vor.
Napfschildlaus Stamm, Äste und Zweige sind mit dicken Krusten überdeckt. Die Rückenhaut der Weibchen ist schildartig erhärtet. Darunter entwickeln sich gut geschützt die Larven. Die Schildläuse stechen die Rinde an und verursachen durch Saftentzug Wachstumsstörungen und Verkrüppelungen.	Die Larven überwintern an Stamm und Zweigen. Erst im Frühjahr bilden sich die Schilder. Auf den Ausscheidungen entwickelt sich durch Schwärzepilze Rußtau.	Sofort nach Erkennen werden die Schildläuse einfach mit einem Messer abgeschabt. Bei einem starken Befall entfernt man den ganzen Zweig. Im Winter (Knospenstadium) und im Frühjahr (Mausohrstadium) Austriebsspritzung durchführen.
Wühlmaus Die Wühlmaus zählt zu den bedeutendsten Schädlingen in einer Obstbaumkultur. Treten Wühlmäuse verstärkt auf und es werden keine Gegenmaßnahmen getroffen, so hat dies meistens (im Gegensatz zu anderen Schädlingen) den Totalausfall des Baumes zur Folge.	Der Baum wird unterhalb der Erdoberfläche pfahlförmig und restlos abgenagt. Im Frühjahr kann dieser Baum leicht aus dem Erdreich herausgezogen werden. Wenn man aufmerksam durch die Anlage geht, kann der Schaden eventuell noch frühzeitig erkannt werden: Der Baum lässt die Blätter hängen.	

Allgemeiner Hinweis: Spritzen Sie nicht bei zu kaltem (unter 15 °C) bzw. zu warmem (über 25 °C) Wetter. Die besten Spritzzeiten sind morgens und abends.

chemische Maßnahmen für integrierte Produktion, teilweise für den Hausgarten	sonstige Gegenmaßnahmen	Einsatzzeitpunkte
Es werden folgende Mittel für den integrierten Anbau empfohlen: • Neudosan (nützlingsschonend) • Confidor • Methasystox R • Pirimor	Austriebsspritzung z. B. mit Paraffinöl. Mit Leimanstrichen am Stamm den Ameisen den Weg zu den Läusen erschweren (sie verhindern, dass Nützlinge sich stärker ausbreiten können). Nützlinge schonen.	Austriebsspritzung Mitte Januar – Ende Februar, chemische Mittel Anfang März – Mitte April und Anfang Mai – Mitte Juni
Mittel für die integrierte Produktion: • Dimilin 25 WP • Triflumuron • Isegar	Gezielte Bekämpfung nur über Falterflugkontrollen.	Leimanstrich Anfang Oktober – Mitte November, Austriebsspritzung Anfang Januar – Mitte Februar, chemische Mittel Anfang März – Mitte April
Die Anwendung von chemischen Mitteln ist nur während des Mausohrstadiums sinnvoll. Ist die Larve erst mal im Inneren der Blüte, wird sie vom Spritzmittel nicht mehr erreicht. Empfohlende Mittel sind: • Unden flüssig, ME 605		Ende Februar – Ende März
Empfohlen wird folgendes Präparat: • Lebaycid	Abernten von abgefallenen Früchten! Gelbe Leimtafeln aufhängen. Mit dem „Gelbwerden" der Frucht kommt auch die Kirschfruchtfliege.	Anfang – Ende Juni
Verwendung von Netzschwefel. Es hat sich bewährt, mindestens zwei, besser drei Spritzungen durchzuführen.	Zurückschneiden der Brombeertriebe im Spätherbst bis auf den Grund.	Ende – Mitte März, Anfang Mai – Anfang Juni
	Schutz der natürliche Feinde z. B. der Zehrwespe.	
Einbringen von Gaskugeln in die Gänge. Anschließend die Gänge gut verschließen.	Hier helfen nur Draht- oder Bügelfallen. Wenn ein deutlicher Befall sichtbar ist, benötigt man etwa 10 bis 12 Fallen. In jeden Gang sowie in jede Richtung wird eine Falle gelegt. Im Laufe der Zeit gewinnt man an Erfahrung und kann die Fallen gezielt um das Nest auslegen. Nach etwa 15 bis 30 Minuten ist die Maus erledigt. Pflanzung der Bäume in Drahtkörben. Das Gras sollte sehr kurz gemäht werden, um der Maus wenig Deckung zu bieten.	

Abwehrmaßnahmen im Hausgarten

Im Hausgarten kommen überwiegend biologische Mittel zum Einsatz, aber auch abgeschwächte chemische Mittel, die für dieses Einsatzgebiet zugelassen sind. Aber bevor Sie zur Spritze greifen, prüfen Sie, ob die nachfolgend aufgeführten Kriterien für Ihren Garten zutreffen.

Haben Sie danach gehandelt, dann sind zwei Drittel der Arbeit schon getan. Sie müssen dann nur noch die wirtschaftlichen Schadschwellen prüfen und bei Überschreitung geeignete Maßnahmen, z. B. biologische, einleiten.

Schließlich noch ein paar Anmerkungen zu biologischen Mitteln: Biologische Mittel sind im Vergleich zu chemischen Mittel relativ milde, wirken nicht sofort, sondern langsam, und damit für die Pflanze schonend. Nützlinge werden überwiegend geschont, Schädlinge werden in aller Regel nicht vernichtet, sondern deren Lebensbedingungen werden verschlechtert. Der Einsatz biologischer Mittel erfordert in der ersten Zeit viel Geduld und Toleranz. Sie müssen sich davon lösen, dass nach Anwendung eines biologischen Mittels die Pflanzen völlig schädlingsfrei dastehen. Die Lebensbedingungen der Schädlinge werden nur verschlechtert, selten werden die Schädiger komplett vernichtet. Dass man aber diesen Weg einschlagen kann, haben viele Hobbygärtner schon bewiesen. Ist die Entscheidung dafür einmal getroffen, werden Sie durch das Wissen der Zusammenhänge, durch das Reagieren der Pflanzen je nach Maßnahme und einen chemiefreien Garten oder Baumwiese belohnt.

In der nachfolgenden Tabelle sind die für den Hausgarten zugelassenen und freigegebenen Mittel aufgeführt. In vielen Fällen stellt sich ein ausreichender bis guter Erfolg ein. Wenn Sie oft durch Ihren Garten gehen, merken Sie schon bald Blattveränderungen, die durch Schädlinge hervorgerufen wurden: z. B. Läuse zerdrücke ich einfach an den Blättern, für diese Art von Schädlingbekämpfung benötige ich kein Spritzmittel mehr. Die

Schonende Abwehrmaßnahmen, Vorbeugung und Förderung

- Nützlinge fördern (z. B. Vögel, Marienkäfer, Larven)
- sorgfältige Bodenbearbeitung
- richtiger Standort (kein Pfirsich in Höhenlagen)
- Verwendung von Jauchen
- zielgerichtete Düngung

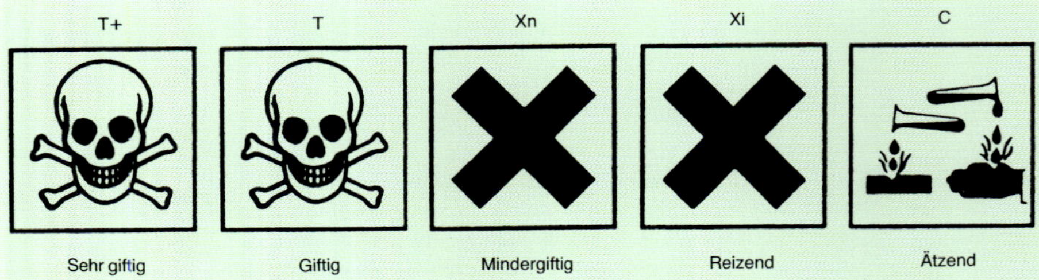

Gefahrensymbole und Gefahrenbezeichnungen.

Pflanzenschutzmittel für den Hausgarten

Krankheit, Schädling	erlaubte Wirkstoffe	Abwehrmaßnahmen
Birnengitterrost	Triforin	Kurz vor der Blüte beginnen. Drei Behandlungen im Abstand von 10 bis 12 Tagen. Bei weniger als 5 Flecken pro Blatt keine Bekämpfung notwendig
Echter Mehltau	Triforin (Saprol) Netzschwefel Ackerschachtelhalmbrühe Wasserglas	Rückschnitt der befallenen Triebspitzen im Winter wie im Sommer. Netzschwefel nicht bei empfindlichen Sorten (Birne, Apfel) anwenden
Kräuselkrankheit	Dichlofluanid	Einsatz bereits beim Knospenschwellen im Frühjahr (ab Januar). Weniger anfällige Sorten wählen
Monilia-Spitzendürre	Triforin Bitertanol	Rückschnitt in das gesunde Holz (10 cm mindestens!)
Obstbaumkrebs	Grünkupfer	Anwendung während des Blattfalls im Oktober. Ausschneiden der befallenen Stellen
Schorf	Netzschwefel Dichlofluanid Bitertanol Ackerschachtelhalmbrühe Wasserglas 1- bis 2-%ig	Einsatz abstimmen auf die Blattnässe zeit. Netzschwefel ab der Blüte nicht bei Birnen und schwefelempfindlichen Apfelsorten
Schädlingsbefall		
Blattläuse	Kali-Seife 1- bis 2-%ig Brennnesselbrühe Pirimicarb Ton- und Mineralmehle	Die Wirkstoffe erfassen die Blattläuse nur, wenn sie direkt getroffen werden. Bei leicht angefeuchteten Blättern auftragen
Frostspanner	Bacillus thuringiensis (nicht für Wasserschutzzone 1 und 2) Piperonylbutoxid + Pyrethrine	Leimringe oder Leim ab Anfang Oktober anbringen oder auftragen. Einsatz der Präparate möglichst nicht unter 18 °C
Obstmade	Granulosevirus Piperonylbutoxid + Pyrethrine	Obstmadenfanggürtel ab Mitte Juni und Anfang August anlegen. Die Abnahme erfolgt Ende Juli bzw. Anfang Oktober. Spritzpräparate müssen mehrmals in Folge eingesetzt werden

Pflanzenschutzmittel für den Hausgarten (Fortsetzung)

Krankheit, Schädling	erlaubte Wirkstoffe	Abwehrmaßnahmen
Pflaumenmade	Piperonylbutoxid + Pyrethrine	Je nach Befallsdruck sind zwei bis drei Behandlungen notwendig
Spinnmilben	Mineralöl Rapsöl Piperonylbutoxid + Pyrethrine Farnkräuterbrühe Brennnesselbrühe	Öle nur zur Austriebsspritzung verwenden. Auf eine gute Benetzung der Blattunterseite achten
Wühlmaus (Schermaus)	mechanische Fallen	Gras sehr kurz mähen, damit wird die Deckung vermindert. Bäume mit Drahtkorb pflanzen
Wildverbiss	Wildverbissmittel ohne Fungizid und ohne Insektizid	Drahtrosen, Kunststoffspiralen

Mengenverhältnis für das Ansetzen von Pflanzenjauchen

10 l Wasser	Etwa 1 kg frisches, grob zerkleinertes Pflanzenmaterial
10 l Wasser	Etwa 100 bis 200 kg getrocknetes Pflanzenmaterial

Bei Verwendung von 60- oder 120-Liter-Fässern kann die Menge um etwa 10 Prozent reduziert werden.

Tabelle nennt Viruskrankheiten, pilzliche Krankheitserreger und tierische Schädlinge. Zusätzlich zu den Einsatzmitteln sind vorbeugende oder weitere Maßnahmen aufgeführt.

Biologische Maßnahmen beruhen in der Regel auf Pflanzenjauchen. Sie können die Jauche mit frischen, aber auch mit getrockneten Kräutern in kaltem Wasser ansetzen. Als Orientierungshilfe dienen die Angaben in der Tabelle.

Nützlinge

Die besten biologischen Einsatzmittel und natürlich auch die kostengünstigsten sind die Nützlinge. Unsere Hauptpartner zur Schädlingsminimierung sind: Vögel, Marienkäfer und seine Larve, Florfliege, Schwebfliege, Raubwanze, Ohrenkneifer, Raubmilben.

Alle Nützlinge haben eines gemeinsam: Sie vertilgen Unmengen von Raupen, Läusen und anderen Schädlingen. Kommen sie in Mengen vor, können die Nützlinge alleine über einen langen Zeitraum für ein ausgewogenes Gleichgewicht im Garten sorgen. Um den Einsatz chemischer Produkte mehr und mehr reduzieren zu können, werden heute schon gezielt Nützlinge, die im Handel erhältlich sind, zum Einsatz gebracht.

Boden und Düngung

Die Erde, die Sie sehen, hat eine lange Zeitgeschichte hinter sich. Jeder Boden ist ursprünglich aus der über Jahrtausende anhaltenden Verwitterung der Erdkruste entstanden. Böden unterscheiden sich in ihren chemischen und physikalischen Eigenschaften, je nachdem aus welchem Gestein sie hervorgegangen sind.

Bei unzureichender Wasser- oder Nährstoffversorgung verfärben sich die Blätter braun.

Bodeneigenschaften

Entscheidend für das Wachstum der Wurzeln und die Wasserhaltefähigkeit ist die Verteilung der Korngrößen, wobei man die Fraktionen (vom Feinsten zum Gröbsten) Ton, Schluff, Sand, Kies, Steine unterscheidet. Um den Boden grob zu klassifizieren, eignet sich die Handprobe:

Bodenbewertung mit der Handprobe

Leichter Sandboden
Versuchen Sie die Gartenerde zu einem Ball zu kneten. Zerfällt dieser, sobald Sie ihre Hand öffnen, handelt es sich um diese Bodenart.

Leichter Sandboden mit Tonanteilen
Es gelingt wieder nicht, einen Ball aus der Erde zu kneten, im Unterschied zum leichten Sandboden bleibt zwischen den Fingern Erde hängen.

Mittelschwerer sandiger Lehmboden
Die Erde lässt sich zu einer Kugel formen und ist knetbar. Allerdings zerfällt auch diese relativ leicht. Es sind etwas höhere Anteile von Ton und Schluff vorhanden.

Schwerer Lehmboden
Man kann die Bodenprobe richtig kneten und in Form bringen.

Stark humushaltiger Boden (z. B. Moorböden)
Er weist einen hohen Anteil verrottetes organisches Material auf. Man erkennt es schon an der Farbe. Die Farbe der Erde geht von Schwarzbraun ins Schwarze. Die Erde zerfällt sofort, sie ist ausschließlich krümelig. Komposterde wäre ein guter Vergleich.

Der Säuregrad oder pH-Wert

Die Eignung eines Bodens für bestimmte Pflanzen hängt von vielen Eigenschaften ab: dem Humusgehalt (sichtbar in der Färbung), der Gründigkeit, der mikrobiologischen Aktivität und von seinem pH-Wert. Manche Pflanzen, wie zum Beispiel die Kulturheidelbeeren, brauchen unbedingt einen niedrigen pH-Wert. Zwetschgenbäume bevorzugen höhere pH-Werte. Der pH-Wert gibt an, wie sauer oder basisch der Boden ist.

Bodenuntersuchungen

Bevor Sie zum Düngersack greifen, sollten Sie eine Bodenuntersuchung durchführen lassen. In aller Regel scheut der Hobbygärtner den Aufwand für eine Bodenanalyse durch ein Labor. Leicht und ohne allzu großen Aufwand lässt sich der pH-Wert des Bodens bestimmen. Es gibt in den Gartencentern und

Orientierungswerte zum Kalkbedarf

pH-Wert 4 – 4,5	Kalkbedarf sehr hoch
pH-Wert 4,6 – 5,5	Kalkbedarf hoch
pH-Wert 5,6 – 6,5	Kalkbedarf mittel
ph-Wert 6,6 – 7,5	Kalkbedarf niedrig

Baumärkten einfache Geräte zur pH-Bestimmung zu kaufen. Diese Messungen sind einigermaßen exakt und erlauben Ihnen eine grobe Einordnung Ihres Bodens und damit die Erkenntnis, ob gekalkt werden muss oder nicht.
Diese Bodenuntersuchungen sollten alle zwei Jahre durchgeführt werden.

Nährstoffversorgung

Die Nährstoffe im Boden stehen in einem sehr komplizierten Gleichgewichtsverhältnis. Viele Hobbygärtner besitzen in dieser Hinsicht eine falsche Einstellung: Ein bisschen Düngung hier, ein wenig dort, möglichst noch etwas mehr als auf der Dosieranleitung beschrieben – es kann ja nicht schaden. So hat man im guten Glauben, alles richtig gemacht zu haben, unter Umständen viel falsch gemacht. Ein Überschuss an einem oder mehreren Elementen kann zum Mangel an anderen Elementen führen. Zum Beispiel: zuviel Stickstoff kann die Aufnahme von Kali beeinträchtigen, und das bedeutet dann: die Pflanze wächst sehr üppig, allerdings zu Lasten der Blütenbildung, die Zellen werden sehr groß, das Gewebe entwickelt sich weich, was wiederum eine hohe Anfälligkeit für Pilzkrankheiten und Lausbefall nach sich zieht. Düngung erfordert also unbedingt eine gewisse Sorgfalt.

Stickstoff

Stickstoff übernimmt vielfältige Funktionen im pflanzlichen Stoffwechsel und ist für das Wachstum der Pflanze verantwortlich. Stickstoff ist ein wesentlicher Bestandteil der Aminosäuren und Eiweiße, von Chlorophyll, Vitaminen und Enzymen. Stickstoffmangel führt zu kümmerlichem Wuchs oder schwacher Entwicklung. Aber Vorsicht: Zu hohe Stickstoffgaben erzeugen ein gröberes Zellgewebe bei den Pflanzen, sie verlieren an Festigkeit und Schutzfähigkeit.

Phosphor

Die wichtigste Funktion des Phosphors ist die Speicherung und Übertragung chemischer Energie. Phospor dient zudem als wichtiger Baustoff der Nukleinsäuren und der Biomembranen, und es fungiert als Träger für andere Nährstoffe. Bei Phosphormangel entwickeln sich kleine, kümmerliche Pflanzen mit starrem Wuchs, dünnen Stielen und schwachem Wurzelwerk.

Kalium

Kalium ist für die Regelung des osmotischen Drucks in den Zellen und somit für den Wasserhaushalt der Pflanze verantwortlich. Es spielt eine wichtige Rolle bei der Photosynthese und Kohlenhydratbildung. Kalium aktiviert verschiedenste Enzyme. Kalimangel erkennt man an einer vom Blattrand ausgehenden gelb- bzw. rotbraunen Verfärbung der Blätter. Die Blätter welken frühzeitig.

Magnesium

Magnesium ist ein bedeutender Bestandteil des Chlorophyll. Magnesium steuert die Wirkungsweise von Enzymen, vor allem bei der Eiweißsynthese. Der Mangel an Magnesium zeigt sich am Blattbild, man spricht in diesem Fall von Chlorose. Das äußere Erschei-

Zeigerpflanzen geben Hinweise auf die Bodeneigenschaften.
Oben: Vogelsternmiere, *Stellaria media*: stickstoffreiche Böden.
Mitte: Hungerblümchen, *Erophila verna*: Nährstoffmangel.
Unten: Ackerhundskamille, *Anthemis arvensis*: Nach sauer tendierender Boden.

Beispiele für Zeigerpflanzen

Name	Bodeneigenschaft
Große Brennnessel	hoher Nährstoffgehalt
Vogelmiere	(Stickstoff)
Hirtentäschel	
Hasenklee	Nährstoffmangel
Hungerblümchen	
Heidekraut	
Hundskamille	schwach sauer
Taubnessel	
Ackerfrauenmantel	

nungsbild zeichnet sich durch das Verfärben der Blattfläche aus, sie verfärbt sich gelblich, die Blattadern bleiben grün. Das Blatt fällt frühzeitig ab.

Kalzium

Kalzium wirkt entquellend und ist wichtiger Baustein von Stützstrukturen in der Pflanze. Es trägt damit zur Festigkeit von Gewebe bei. Kalzium ist für eine gute Krümelstruktur im Boden mitverantwortlich. Bei Mangelerscheinungen verschlämmt der Boden, eine Verminderung des Luftaustausches ist die Folge, ebenso ein Rückgang des Bodenlebens und unter Umständen Staunässe. Damit verbunden ist eine schwache Bewurzelung, die Triebspitzen sterben ab und die Stippigkeit bei Äpfeln tritt verstärkt auf.

Neben diesen Hauptnährstoffen, von denen die Bäume und Sträucher höhere Mengen brauchen, gibt es eine Vielzahl von Elementen, die für das gesunde Wachstum der Pflanze in geringen Mengen benötigt werden, so etwa Schwefel, Bor, Molybdän, Silizium, Eisen, Mangan, Zink, Kupfer. Als Orientierungshilfen, welche Nährstoffe fehlen oder im Überschuss vorhanden sind, können die Unkräuter als Zeigerpflanzen herangezogen werden.

Werkzeuge

Schnittwerkzeuge

Um gute Arbeit verrichten zu können, ist gutes Werkzeug notwendig. Zur Grundausrüstung für den Hobbygärtner gehören:

- Baumschere,
- Astschere mit langen Holmen und Griffen (es wird weniger Kraft benötigt, und beim Schnitt von Brombeeren kommt man nicht so bald mit den Stacheln in Berührung),
- Bügelsäge,
- Abziehstein zum Schärfen der Klingen.

Bei Bedarf empfehlen sich noch folgende Werkzeuge:

- Schwertsäge,
- Scherentasche,
- Hippe,
- Teleskopsäge (Foto Seite 44).

Scheren

Für den Schnitt von Obst- und Beerenobst eignen sich bis zu einer Aststärke von maximal 1,5 cm die einschneidigen Leichtmetallscheren. Kennzeichnend für diese Art Scheren ist, dass die Klinge schneidend durch das Material hindurchgleitet. Im Gegensatz zu den Ambossscheren: Bei diesen Scheren drückt die Klinge das Material gegen eine feste Fläche und infolge der steigenden Krafteinwirkung wird das Material durchgetrennt. Die Vor- bzw. Nachteile sind:

<u>Einschneidige Scheren</u>:

- geringerer Kraftaufwand,
- in der Regel austauschbare Klingen,
- relativ teuer.

> **Gute Werkzeuge gehören gepflegt, wenn sie über Jahre hinweg funktionstüchtig bleiben sollen.**

<u>Ambossscheren</u>:

- höherer Kraftaufwand,
- ausgewogenes Preis-Leistungs-Verhältnis bei mäßiger Beanspruchung.

Noch ein Tipp zum Kaufentscheid: Natürlich gibt es eine Vielzahl von lukrativen Billig-Angeboten bei den Scheren. Bevor Sie aber kaufen, sollten Sie Folgendes beachten: In aller Regel haben Sie die Scheren zehn oder fünfzehn Jahre im Besitz. Auf diesen Zeitraum betrachtet ist ein teures Werkzeug, das Sie nicht im Stich lässt, unterm Strich das billigere.

Astscheren

Wie bei den Handscheren hat gute Ware ihren Preis. Bei den Astscheren sollten Sie das Einsatzgebiet eingrenzen. Arbeiten Sie vorwiegend im Garten, um Brombeeren, Johannisbeeren und ab und zu einen schwachen Obstbaumast zu entfernen, so reicht eine preisgünstige Astschere mit kurzen Griffen. Benötigen Sie aber die Scheren zum Schneiden von Ästen bis 3,5 cm Durchmesser, so ist der Kauf eines teuren Markenartikels zu empfehlen. Denn es treten dabei so große Hebelkräfte auf, die ein billigeres Produkt auf Dauer nicht so leicht mitmacht.

Sägen

Greifen Sie beim Baumschnitt nicht auf die Sägen in Ihrer Haushaltswerkzeugkiste zurück. Damit haben Sie unter Umständen beim ersten Ast noch Erfolg, aber der Kraftaufwand ist unverhältnismäßig hoch. Spätestens wenn die Platzverhältnisse nicht so ideal sind, treten die Nachteile deutlich zu Tage. Viel leichter geht es mit einer speziellen **Bügelbaumsäge** mit verstellbarem Sägeblatt (damit können Sie auch in Astgabeln zum Schnitt ansetzen). So eine Säge mit einem neuen Sägeblatt durchsägt Äste von bis zu 15 cm Durchmesser.

Als Ergänzung zur Bügelsäge kann die **Schwertsäge** dienen. Sie ist leicht, preiswert und braucht in eingeklapptem Zustand wenig Platz. Zum Auslichten von niedrigen Kronen oder zum Entfernen von Bodentrieben sind sie bestens geeignet.

Messer

Das Messer wird zum Ausschneiden von krankem oder verletztem Holz benötigt. Ferner braucht man das Messer zum Nachschneiden der Wundränder, die beim Durchtrennen mit der Säge entstehen.

Dass gute Werkzeuge auch einer guten Pflege bedürfen, versteht sich von selbst. Die wesentlichen Hauptarbeiten sind:

- Reinigen der Werkzeuge nach dem Arbeitseinsatz mit Lappen, Bürste usw.
- eventuell Einölen der beweglichen Teile,
- Schärfen der Klingen,
- Sägeblätter erneueren.

Leitern

Wie war das noch mit den schönsten Früchten? Sie wachsen tatsächlich meistens hoch oben auf dem Baum. Leitern sind das geeignete Arbeitshilfsmittel für die Ernte und Pflege. Ohne das Thema zu dramatisieren: Leitern waren früher und sind heute noch gefährlich. Das heißt nicht, dass das Material mangelhaft sei oder Leitern konstruktive Mängel besäßen. Überwiegend ist es die menschliche Fehleinschätzung, die schwere Leiterunfälle in der Landwirtschaft, im Gartenbau und im privaten Bereich verursacht. Alle Varianten – vom tödlichen Absturz über Querschnittslähmung, Knochenbrüche, Quetschungen und Stauchungen – sind auch heute leider immer noch an der Tagesordnung.

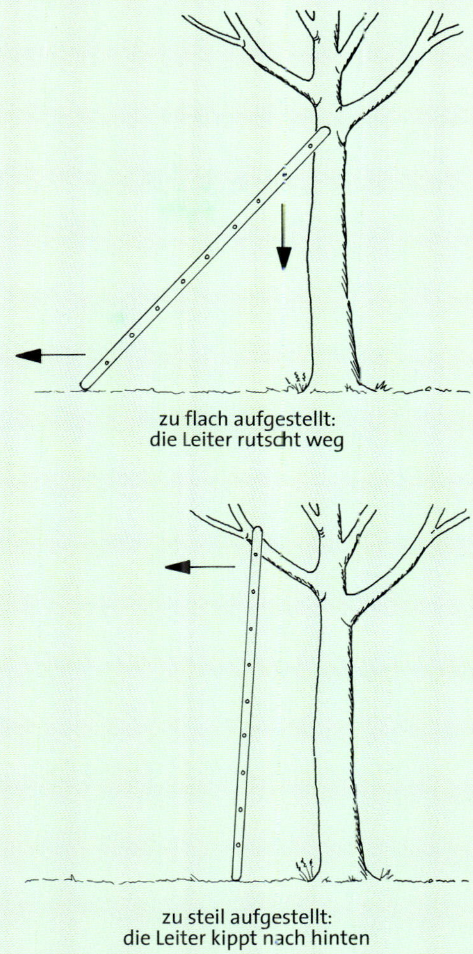

Nur ein Anstellwinkel von 45 Grad gewährt Sicherheit für die Arbeiten auf der Leiter.

Damit Sie es besser machen, möchte ich Ihnen die typischen Gefahrenquellen kurz beschreiben und Anregungen für den richtigen Umgang mit der Leiter geben. Meine Ausführungen gründen auf der Fibel der Landwirtschaftlichen Berufsgenossenschaft Württemberg. Für deren Unterstützung sei auf diesem Weg ganz ausdrücklich gedankt.

Worauf es ankommt

- Beim Leiterkauf auf das GS-Zeichen achten.
- Auf sachkundige Beratung Wert legen.
- Bestehen Zweifel am sicheren Stand der Leiter, muss sie von einer Hilfsperson gehalten werden.
- Bei Neupflanzungen sollte man grundsätzlich dem Halbstamm den Vorzug geben (oder man entscheidet sich für Spalierobst).
- Der Abstand von Freileitungen sollte mindestens 5 m betragen.
- Schäden beheben durch Aufnageln von Latten, Brettern ist unzulässig.
- Holzleitern sind zusätzlich vor Nässe zu schützen.

Anlegeleitern an Bäumen

Zur Ernte und zur Pflege der Obstbäume im Hausgarten, auf der Obstwiese oder in Plantagen dient überwiegend die herkömmliche Anlegeleiter, deren Füße mit Spitzen ausgerüstet sein müssen. Alle Obstbaumleitern haben an den Füßen mindestens 7 cm lange Spitzen, die sie auf gewachsenem Boden vor dem Abrutschen sichern.
Folgende Leiterarten führt der Fachhandel:

- Mehrzweckleiter,
- Anlegeleiter (ein- und mehrteilige),
- Stehleiter (mit oder ohne Schiebeteilen),
- Einholmleiter.

Unfallgefahren durch Leitern

Die häufigsten Unfälle mit Leitern ereignen sich aus folgenden Gründen:

Der Leiterfuß rutscht nach hinten weg: Einteilige Obstbaumleitern oder mehrteilige Obstbaumleitern dürfen nur frei aufgestellt werden, wenn sie über fest angebrachte Stützen verfügen. Wird eine mehrteilige Leiter benutzt, muss der Leiterkopf unbedingt an einem tragfähigen Ast angelegt werden. Leitern mit Stützen ohne Spreizsicherung (meistens ältere Ausführungen) sind noch gefährlicher, weil sie nach hinten vom Baum wegkippen können.

Die Leiter gleitet zur Seite: Beim Aufstellen der Leiter am Baum ist für eine sichere Ablage bzw. Halt des Leiterkopfes zu sorgen. Die Leiter ist also so aufzustellen, dass bei einem Astbruch die Leiter *in den Baum* hineinrutscht und dort wieder Halt findet.

In schwierigen Situationen ist ein zusätzliches Befestigen des Leiterkopfes mit Hilfe eines Strickes am Baum oder Ast erforderlich. Das ist besonders wichtig bei der Kirschenernte: Die Äste von Kirschbäumen brechen schlagartig. (Wenn hier nicht gesichert worden ist, kann der Pflücker durch drei Astkränze durchrauschen.)

Leitern mit Stützen stellt man möglichst *breitbeinig* und unter Berücksichtigung des zulässigen Neigungswinkel auf. Auf jeden Fall dürfen Sie keine Veränderungen an Leiterbestandteilen vornehmen, dazu gehört zum Beispiel: Abschneiden der Gurte, Zwangsführung der Ständer verändern, Zurückbiegen von verbogenen Aluminiumteilen.

Aber auch das Akzeptieren von eingedellten Holmen ist gefährlich. Die Schwächung des Querschnittes kann z. B. dazu führen, dass der Fuß einknickt. Holzleitern müssen außerdem vor Nässe geschützt werden.

Bei Beachtung der Sicherheitsratschläge und sorgfältigem Umgang mit den Leitern ließen sich viele Unfälle vermeiden.

Weitere Informationen erhalten Sie bei den verschiedenen Landwirtschaftlichen Berufsgenossenschaften der Länder, dem Bundesverband der Landwirtschaftlichen Berufsgenossenschaften, Weißensteinstraße 72, 34313 Kassel, sowie bei den verschiedenen Leiterherstellern.

Sicherer Umgang mit Leitern und Tritten

- Keine schadhaften Leitern und Tritte (z. B. bei Pflückschlitten) verwenden.
- Leitern im richtigen Winkel anlehnen.
- Leitern nur auf rutschsicheren Böden aufstellen.
- Maximale Belastung von 150 kg je besteigbarem Leiterschenkel beachten.
- Bei Arbeiten auf der Leiter nicht seitlich hinauslehnen.
- Bei Stehleitern die Spreizvorrichtung immer gespannt halten.
- Bei beidseitig begehbaren Stehleitern darf die oberste Stufe nicht bestiegen werden.
- Anlegeleitern müssen mindestens 1 m höher sein als das zu besteigende Objekt.
- Anlegeleiter nicht an unsichere Punkte anlegen, z. B. schwache / kranke Äste, frisches Holz(Kirschenernte).
- Bei Mehrzweckleitern ist die **fünfte** Sprosse von oben in der Stehleiterstellung die letzte zulässige Standsprosse. Bei Anlegeleitern ist es die **vierte** Sprosse von oben.
- Bei mehrteiligen Leitern müssen die Einrastvorrichtungen vorhanden sein und verwendet werden.
- Von Stehleitern aus darf man nicht auf andere höher gelegene Objekte z. B. Äste übersteigen.
- Auf gewachsenem Boden sind Erdspitzen zu verwenden.
- Vorsicht mit elektrischen Freileitungen: **Nicht berühren!**

Obst lagern und verwerten

Richtig genießen wird man sein selbst geerntetes Obst nur können, wenn man sich monatelang damit versorgen kann. Für die Lagerung von Obst ist ein zum Erdreich offener und gut belüfteter Keller ideal. Der Keller sollte kühl (etwa 5 °C) und ausreichend feucht sein (relative Luftfeuchte etwa 65 bis 70%). Die Früchte können in Obstkisten auf Regalen gelagert werden. Faulende Früchte sind sofort zu entfernt. Die in der Nähe liegenden Früchte sollte man bald verbrauchen, da diese durch Pilzsporen infiziert worden sind. Wenn die Kellerbedingungen nicht optimal sind, können Sie die Äpfel portionsweise in mit wenigen Löchern versehenen Klarsichttüten aus Kunststoff einlagern. Die Kunststofftüte verhindert, vereinfacht ausgedrückt, dass die Äpfel zuviel Feuchtigkeit verlieren. Äpfel solle man nicht in der Nähe von Kartoffeln, Kohl oder Kraut lagern, denn Obst nimmt leicht den Geschmack an.

Saft und Most lassen sich ohne Probleme in einer normalen Küche gewinnen. Und der Geschmack übertrifft bei weitem die Qualität von Saft aus dem Supermarkt, wobei sich die erforderlichen Geräte wie eine Fruchtpresse oder ein Edelstahlfass für die Herstellung von Süßmost bald amortisiert haben.

Für die Herstellung eines qualitativ hochwertigen Apfelsaftes gelten ein paar Grundsätze: Das Obst sollte nicht faulig sein. Es sollte nicht mit Eisen oder Rost in Berührung kommen. Zudem sollten die Apfelsorten gut säurehaltig sein (wie 'Boskoop' usw.). Der 'Golden Delicious' ist kein zu empfehlender Saftapfel, kann aber beigemischt werden. Das Obst sollte vor dem Pressen ein oder zwei Tage in den Säcken stehen (muss aber nicht). Blattwerk in den Säcken verschlechtert die Qualität der Maische (darunter versteht man die zerhäckselten Äpfel).

Ausführlichere Angaben würden leider den Rahmen dieses Buches sprengen. Daher sei auf die Spezialliteratur verwiesen.

Literaturverzeichnis

Arauner, P.: Süddeutscher Obstmost – ein Beitrag zur Obstverwertung. Hefe-Reinzuchtanstalt Paul Arauner GmbH & Co. KG, Kitzingen 1990.

Bundesverband der Landwirtschaftlichen Berufsgenossenschaften (BLB): Arbeitssicherheit Aktuell – Leitern. Kassel 1994, 5. Auflage.

Friedrich, G.: Handbuch des Obstbaus. Neumann Verlag, Radebeul 1993.

Griegel, A.: Mein gesunder Obstgarten. Eigenverlag Griegel M., Ingelheim 1993, 2. Auflage.

Harmuth, P.: Sachkundenachweis Pflanzenschutz. Verlag Eugen Ulmer, Stuttgart 1990.

Holzer, U., Polesny, F., Blümel, S., Fischer-Colbrie, P: Krankheiten, Schädlinge und Nützlinge im Obstbau. Herausgegeben von der Bundesanstalt für Pflanzenschutz, Wien 1993, 3. Auflage.

Kreuter, M.-L.: Der Bio-Garten: Gemüse, Obst und Blumen naturgemäß angebaut. BLV, München, Wien, Zürich 1982, 4. Auflage.

Mattedi, L., Varner, M., Forti, D.: Nützlinge im Obst- und Weinbau. Leitfaden für einen integrieten Pflanzenschutz. Assessorat für Landwirtschaft der Autonomen Provinz Bozen, Trento 1992.

Ministerium für ländlichen Raum, Ernährung, Landwirtschaft und Forsten: Lebensraum Garten – Abwehrmaßnahmen und erlaubte Pflanzenschutzmittel im Garten. Stuttgart.

Oberhofer, H.: Der Apfelschorf – Lebensweise und Bekämpfung. Herausgegeben vom Südtiroler Beratungsring für Obst- und Weinbau, Lana, Italien 1985.

Schmid, H.: Obstbaumschnitt. Verlag Eugen Ulmer, Stuttgart 1995, 7. Auflage.

Schubert, M.: Im Garten zu Hause. 14. Schuberts grosses ill. Gartenbuch. BLV München, Wien, Zürich 1987, 14. Auflage.

Snoek, H.: Naturgemäße Pflanzenschutzmittel: Anwendung und Selbsterstellung. Pietsch Verlag, Stuttgart 1988. 2. Auflage.

Südtiroler Beratungsring für Obst- und Weinbau (Herausgeber): Handbuch zur Pflege von Obst- und Rebanlagen. Lana, Italien 1991, 3. Auflage.

Zeitschriften:
Obst und Garten
Mein schöner Garten

Bildquellen

Zeichnungen: Rüdiger Ziegler, Eckernförde
Fotos: Christel Eberle, Meersburg: Seite 85
Himmelhuber, Peter, Regensburg: Titelfotos (alle), Seite 44, 89
Reinhard-Tierfoto, Heiligkreuzsteinach: Seite 5, 26, 72, 88 (3)
Alle anderen Fotos stammen vom Autor

Die Deutsche Bibliothek – CIP-Einheitsaufnahme

Jakubik, Uwe:
Grundkurs Obstbaumschnitt / Uwe Jakubik.-
Stuttgart : Ulmer; Wien : Österr. Agrarverl., 2001
ISBN 3-8001-3163-3 (Deutschland)
ISBN 3-7040-1803-1 (Österreich)

---

email: info@ulmer.de
Internet: www.ulmer.de
Printed in Germany
Lektorat: Agnes Pahler
Herstellung & DTP: Thomas Eisele
Repros: BRK, Stuttgart
Druck und Bindung: Appl, Wemding

In diesem Buch sind die Namen von Pflanzenschutzmitteln, die zugleich eingetragene Warenzeichen sind, als solche nicht besonders kenntlich gemacht. Es kann also aus der Bezeichnung der Ware mit dem für diese eingetragenen Warenzeichen nicht geschlossen werden, dass die Bezeichnung ein freier Warenname ist. Hinsichtlich der in diesem Buch angegebenen Dosierungen von Pflanzenschutzmitteln wurde die größtmögliche Sorgfalt beachtet. Gleichwohl werden die Leser aufgefordert, die entsprechenden Beipackzettel der Hersteller sowie das aktuelle Planzenschutzmittelverzeichnis zur Kontrolle heranzuziehen.

Register

Seitenzahlen mit Sternchen * verweisen auf Abbildungen.